Konzepte. Ansätze der Medien- und Kommunikationswissenschaft

herausgegeben von
Prof. Dr. Patrick Rössler und
Prof. Dr. Hans-Bernd Brosius

Band 11

Wolfgang Schweiger

# Determination, Intereffikation, Medialisierung

## Theorien zur Beziehung zwischen PR und Journalismus

Nomos

Die Deutsche Nationalbibliothek verzeichnet diese Publikation in der Deutschen Nationalbibliografie; detaillierte bibliografische Daten sind im Internet über http://dnb.d-nb.de abrufbar.

ISBN 978-3-8329-6935-6

1. Auflage 2013

## Vorwort der Reihenherausgeber

Etliche Jahre schien das Fehlen von Lehrbüchern auch die akademische Emanzipation der Kommunikationswissenschaft zu behindern. Doch in jüngerer Zeit hat der fachkundige Leser die Auswahl aus einer Fülle von Angeboten, die nur noch schwierig zu überblicken sind. Wie lässt es sich dann rechtfertigen, nicht nur noch ein weiteres Lehrbuch, sondern gleich eine ganze Lehrbuchreihe zu konzipieren?

Wir sehen immer noch eine Lücke zwischen den großen Überblickswerken auf der einen Seite, die eine Einführung in das Fach in seiner ganzen Breite versprechen oder eine ganze Subdisziplin wie etwa die Medienwirkungsforschung abhandeln – und andererseits den Einträgen in Handbüchern und Lexika, die oft sehr spezifische Stichworte beschreiben, ohne Raum für die erforderliche Kontextualisierung zu besitzen. Dazwischen fehlen allerdings (und zwar vor allem im Bereich der Mediennutzungs- und Medienwirkungsforschung) monographische Abhandlungen über zentrale KONZEPTE, die häufig mit dem Begriff der „Theorien mittlerer Reichweite" umschrieben werden.

Diese KONZEPTE gehören zum theoretischen Kerninventar unseres Fachs, sie bilden die Grundlage für empirische Forschung und akademisches Interesse gleichermaßen. Unsere Lehrbuchreihe will also nicht nur Wissenschaftlern einen soliden und gleichzeitig weiterführenden Überblick zu einem Forschungsfeld bieten, der deutlich über einen zusammenfassenden Aufsatz hinausgeht: Die Bände sollen genauso Studierenden einen fundierten Einstieg liefern, die sich für Referate, Hausarbeiten oder Abschlussarbeiten mit einem dieser KONZEPTE befassen. Wir betrachten unsere Lehrbuchreihe deswegen auch als eine Reaktion auf die Vorwürfe, mit der Umstellung auf die Bachelor- und Masterstudiengänge würde Ausbildung nur noch auf Schmalspurniveau betrieben.

Die Bände der Reihe KONZEPTE widmen sich deswegen intensiv jeweils einem einzelnen Ansatz der Mediennutzungs- und Wirkungsforschung. Einem einheitlichen Aufbau folgend sollen sie die historische Entwicklung skizzieren, grundlegende Definitionen liefern, theoretische Differenzierungen vornehmen, die Logik einschlägiger Forschungsmethoden erläutern und empirische Befunde zusammenstellen. Darüber hinaus greifen sie aber auch Kontroversen und Weiterentwicklungen auf, und sie stellen die Beziehungen zu theoretisch verwandten KONZEPTEN her. Ihre Gestaltung und ihr Aufbau enthält didaktische Elemente in Form von Kernsätzen, Anekdoten oder Definitionen – ebenso wie Kurzbiografien der Schlüsselautoren und kommentierte Literaturempfehlungen. Sie haben ein Format, das es in der

Publikationslandschaft leider viel zu selten gibt: ausführlicher als ein Zeitschriften- oder Buchbeitrag, kompakter als dickleibige Forschungsberichte, und konziser als thematische Sammelbände.

Die Reihe KONZEPTE folgt einem Editionsplan, der gegenwärtig 25 Bände vorsieht, die in den nächsten Jahren sukzessive erscheinen werden. Als Autoren zeichnen fachlich bereits ausgewiesene, aber noch jüngere Kolleginnen und Kollegen, die einen frischen Blick auf die einzelnen KONZEPTE versprechen und sich durch ein solches Kompendium auch als akademisch Lehrende qualifizieren. Für Anregungen und Kritik wenden Sie sich gerne an die Herausgeber unter

patrick.roessler@uni-erfurt.de

brosius@ifkw.lmu.de

# Inhaltsverzeichnis

# Abbildungsverzeichnis

# Tabellenverzeichnis

# 1. Einleitung

Relevanz des Themas

Das Verhältnis zwischen Journalismus und Public Relations (PR) bzw. Öffentlichkeitsarbeit[1] ist geprägt von gegenseitiger Abhängigkeit und inhaltlicher Nähe bei gleichzeitiger Skepsis. Was bedeutet diese Abhängigkeit und warum die Skepsis bis hin zur unverhohlenen Ablehnung der PR durch manche Journalisten? Ist PR wirklich ein Propaganda-Instrument des Bösen, dem sich Journalisten als Kämpfer für das Gute entgegenstemmen? Diesen Eindruck bekommt man zumindest, wenn man die Medienberichterstattung oder schockierende Praktikerberichte über manipulative PR-Techniken liest (Holiday 2012; Davies 2009). Oder wäre eine umfassende Medienberichterstattung unter den heutigen ökonomischen Bedingungen ohne PR-Unterstützung gar nicht mehr möglich, wie die Gegenseite behauptet?

Ursachen des Konflikts

Die Wurzel dieser ‚Schwierigen Verhältnisse',[2] so auch der Titel eines Sammelbandes von Altmeppen et al. (2004), ist ein Grundkonflikt: Während der Journalismus grundsätzlich die Bevölkerung unabhängig und objektiv informieren soll, liegt die Aufgabe der PR in der Artikulation und Durchsetzung von Organisationsinteressen. Journalisten vertreten das Gemeinwohl – so zumindest die Erwartung –, die PR hingegen die partikulären Interessen von Unternehmen, Institutionen und anderen Gruppen. Dass diese nicht immer in Einklang mit dem Gemeinwohl stehen und teilweise sogar als unmoralisch empfunden werden, ist bekannt.

Andererseits stehen Journalismus und PR in einer grundsätzlichen Abhängigkeit voneinander: Journalisten brauchen Informationen, die ihnen Organisationen bzw. ihre PR-Vertreter liefern. Diese wiederum sind auf die Fähigkeit von Medien angewiesen, Informationen in kurzer Zeit an möglichst viele Menschen zu verbreiten. Wir haben es also mit einer Tauschbeziehung „Information gegen Publizität" zu tun (Hoffmann 2003: 38).

Theorien

Während die US-amerikanische bzw. internationale Forschung diese spannungsreiche Beziehung in erster Linie empirisch untersucht hat (Wehmeier 2004), hat es im deutschsprachigen Raum seit den 1980er-Jahren eine intensive Auseinandersetzung um Theorien gegeben. Deshalb stehen in diesem Feld – und damit auch in diesem Band – deutschsprachige Theorien im Mittelpunkt.

1 Beide Begriffe meinen dasselbe und werden auch hier synonym gebraucht.

2 Zur Belegtechnik in diesem Band: Wörtliche Zitate stehen in Anführungszeichen. Werden hingegen wie hier Formulierungen grammatikalisch an den umgebenden Text angepasst, um die Lesbarkeit zu verbessern, sind diese Zitate von Hochkommata umschlossen.

Die beiden klassischen Theorien, die in keiner deutschsprachigen PR-Einführung fehlen, sind der Determinations- und der Intereffikationsansatz. Die Determinationsforschung beschreibt eine Abhängigkeit des Journalismus von der PR, die man durchaus als demokratiegefährdend beklagen kann. Der Intereffikationsansatz ist eine Weiterentwicklung und beschreibt Einflüsse und Abhängigen in beide Richtungen. Daneben gibt es zahlreiche systemtheoretische Versuche, PR und Journalismus als Systeme zu beschreiben, die bestimmte Leistungen füreinander und für die Gesellschaft erbringen, sich dabei aneinander koppeln oder sogar vermischen und dennoch stets um ihre Selbsterhaltung bemüht sind. Und schließlich hat die Medialisierungsforschung das Augenmerk auf die wachsende Bedeutung der Medien für Organisationen gerichtet, was sich wiederum im Verhältnis zwischen Journalismus und PR niederschlägt. Diese vier Ansätze bilden den theoretischen Fundus der vorliegenden Einführung.

Aufbau des Bandes

Der Band weicht dabei vom ansonsten üblichen Aufbau der Konzepte-Reihe ab. Normalerweise werden erst die wesentlichen Theorien vorgestellt und danach anhand von Forschungsergebnissen und praktischen Beispielen erläutert bzw. vertieft. Diese Einführung ist umgekehrt aufgebaut. Sie erläutert zunächst, wie und warum Journalismus und PR entstanden sind, welche Funktionen sie für die Gesellschaft und füreinander erfüllen und wie sie (zusammen-)arbeiten. Erst danach geht es um die Theorien. Der Grund für diesen Aufbau: Theorien sollen soziale Phänomene erklären. Nur wenn man diese zumindest grundsätzlich kennt, kann man eine Theorie nachvollziehen und beurteilen. Kennt und versteht man diese Phänomene nicht, wird man die Theorie zwangsläufig weltfremd und – im negativen Sinne – akademisch finden. In anderen sozialwissenschaftlichen Forschungsfeldern, die sich mit menschlichem Verhalten befassen, sind die Phänomene bekannt – man kann in einer Einführung gleich bei den Theorien einsteigen. Bei unserem Thema ist das anders. Hier geht es um *berufliche* Phänomene. Viele davon werden den Lesern dieser Reihe unbekannt sein. Wer weiß schon genau, wie Journalisten und PR-Leute (zusammen-)arbeiten, unter welchen Bedingungen sie das tun und wo die tatsächlichen Konflikte und Probleme liegen? Erst wenn man PR und Journalismus als *Professionen* kennt und ihre Arbeitsroutinen und -strukturen verstanden hat, kann man auch die entsprechenden Theorien nachvollziehen.

## 2. Journalismus und PR – Entstehung und Entwicklung zweier Berufsfelder[3]

Darum fangen wir gleich mit der Frage an, wie und warum beide Berufe entstanden sind und wie sie sich entwickelt haben.

Das Weltgeschehen um uns herum ist zu komplex und vielschichtig, um für den Einzelnen begreifbar zu sein. Informationsflüsse sind in der globalisierten Welt schneller, vernetzter und umfassender als jemals zuvor. Ohne die Leistung professioneller Kommunikatoren wären moderne Gesellschaften heute undenkbar. Journalismus und PR leisten dazu einen wesentlichen Beitrag. Ihre Wurzeln sind eng mit dem gesellschaftlichen Wandel und dem Übergang von der Industrie- zur Informationsgesellschaft verwoben. Deswegen stehen auch ihre Entstehungs- und Entwicklungsgeschichten in einem engen Zusammenhang.

Entwicklung des Journalismus

Das Einsetzen der Modernisierung im ausgehenden 18. Jahrhundert und die damit verbundenen Entwicklungen in Wirtschaft, Politik, Kultur, Verkehr und Technik gelten als Wegbereiter des Journalismus (Blöbaum 1994). Mit dem Gesellschaftswandel zur bürgerlichen Gesellschaft halten Alphabetisierung und Bildung Einzug in breite Bevölkerungsschichten und fördern die Entstehung einer neuen Schrift- und Publikationskultur. Technische Innovationen wie Buchdruck (Johannes Gutenberg), Rotationsdruckmaschine und Telegrafensystem vereinfachen die Vermittlung, Reproduktion und Verbreitung von Nachrichten. Das lässt wiederum das Angebot an Informationen zu einer unüberschaubaren Menge anwachsen. Parallel dazu entstehen große privatwirtschaftliche Verlage, die billige Tageszeitungen mit riesigen Auflagen vertreiben (*Penny Press*). Gleichzeitig gewinnen gesellschaftliche Vorgänge an geografischer Reichweite, inhaltlicher Komplexität und Geschwindigkeit. Es wird für den Einzelnen unmöglich, alle relevanten Ereignisse seiner Umwelt zu erfassen. Die damit einhergehende Notwendigkeit, Nachrichten auszuwählen, aufzubereiten und zu verteilen, begründet den endgültigen Siegeszug des Journalismus. Er erfüllt dabei nicht nur für Bürger eine wichtige Funktion, sondern auch für andere Gesellschaftsbereiche wie Wirtschaft oder Politik (→Kap. 4.1).

Zwei Entwicklungen markieren den Beginn der modernen Massenkommunikation:

Erstens die Entstehung des Journalismus als eigenständiger Beruf: Hatten anfangs Lehrer, Literaten oder Professoren als Nebenerwerbs- bzw.

3 Mein herzlicher Dank geht an Linette Heimrich, die als studentische Hilfskraft Teile dieses und folgender Abschnitte vorbereitet hat.

Freizeit-Journalisten gearbeitet, machte der ökonomische Erfolg bald den Wechsel zum Vollzeit- und Profi-Journalismus nötig. Zweitens die Bildung mehrköpfiger Redaktionen innerhalb großer Zeitungsverlage (*Institutionalisierung*). Beide Entwicklungen leiten zugleich die Ausdifferenzierung des Journalismus zu einem eigenständigen sozialen System ein, die in der zweiten Hälfte des 19. Jahrhunderts ihren Abschluss findet. Dieses System leistet für die Gesellschaft heute nach US-amerikanischem Vorbild eine weitgehend ausgewogene und objektive Berichterstattung (Informationsjournalismus).

Entwicklung der PR

Während über die Berufsgeschichte des Journalismus weitgehend Einigkeit herrscht, gibt es zu den Anfängen der Öffentlichkeitsarbeit unterschiedliche Ansätze. Einige Autoren verorten ihre Wurzeln in der Mitte des 20. Jahrhunderts (Oeckl 1964), während andere im wahrsten Sinn bei Adam und Eva beginnen (Merten 1997). Die Erklärung hierfür ist das zum Teil sehr heterogene Verständnis von PR. Als unzutreffend hat sich die Annahme erwiesen, PR sei ein Import der amerikanischen Besatzungsmächte nach dem Zweiten Weltkrieg gewesen (z.B. Oeckl 1964). Das mag zwar für den Begriff „Public Relations" gelten, Presse- und Öffentlichkeitsarbeit wurden jedoch in Deutschland auch schon früher betrieben. 1870 richtete Krupp als erste deutsche Firma eine eigene Presseabteilung ein. Weitere Unternehmer wie Werner von Siemens (Siemens & Halke) und Emil Rathenau (AEG) folgten diesem Vorbild. Auch für die Öffentlichkeitsarbeit von Städten gibt es frühere Beispiele: 1906 eröffnete in Magdeburg die erste kommunale Pressestelle. Ab 1926 folgte dann die Einrichtung weiterer Nachrichtenämter (Szyszka 2005). Dennoch sind die USA zweifellos das Land, in dem sich die PR am frühesten entwickelt hat.

PR als Gegenreaktion zum Journalismus

Doch die Aneinanderreihung historischer Einzelereignisse gibt nur wenig Aufschluss über die eigentlichen Ursprünge der PR. Sinnvoller ist es, die Herausbildung der PR zusammen mit der Entwicklung des Journalismus zu betrachten. Tatsächlich kann man von einer *Ko-Evolution* sprechen. Denn Öffentlichkeitsarbeit war in erster Linie eine Gegenreaktion von Unternehmen oder Institutionen auf den damals vorherrschenden Meinungsjournalismus (Schönhagen 2008). Denn das Objektivitätsgebot nahm im Journalismus einen geringeren Stellenwert ein als heute. Deshalb fühlten sich Unternehmen und andere gesellschaftliche Akteure in der Presse oft unzureichend bzw. fehlerhaft repräsentiert. Sie begannen mit gezielter Pressearbeit, um den vermeintlich parteiischen Mediendarstellungen entgegenzuwirken und ihr Handeln in der Öffentlichkeit aus eigener Sicht darzustellen und zu erklären.

Gleichzeitig gewannen öffentliche Selbstdarstellung und Informationsvermittlung für Unternehmen und Organisationen generell an Bedeutung. Denn in Zeiten zunehmender gesellschaftlicher Komplexität steigt auch für sie der Druck, die Aufmerksamkeit und das Vertrauen der Menschen zu gewinnen (Ronneberger & Rühl 1992). Ein breites Publikum ließ sich damals jedoch nur über die Massenmedien erreichen. Das machte Organisationen abhängig von der Vermittlungsleistung des Journalismus.

PR als öffentliche Kommunikation von Organisationen

Das Schichtenmodell von Bentele (1997b: 157) beschreibt, wie sich menschliche und gesellschaftliche Kommunikation über Stufen hin zur heutigen PR entwickelt hat (Abbildung 1). Den Ausgangspunkt bildet die Kommunikation zwischen Individuen zur Durchsetzung persönlicher Interessen. Sie erreicht jedoch keine breite Öffentlichkeit – ein wesentliches Merkmal von PR. Der öffentliche Charakter von Kommunikation beginnt erst im Altertum, etwa in Form öffentlicher Anschlagtafeln seit der römischen Antike. Im ausgehenden Mittelalter bringen weltliche und kirchliche Herrscher ihre Macht und Legitimation durch öffentliche Repräsentation zum Ausdruck, z.B. durch beeindruckende Feste und prächtige Gebäude (Schlösser, Kathedralen). Später setzen auch bürgerliche Zusammenschlüsse wie Städte, Städtebünde oder Zünfte PR-ähnliche Kommunikationsinstrumente ein. Sie tun das in dem Wissen, dass man sein Anliegen nur durchsetzen kann, wenn man sich zu einer Gruppe zusammentut und gemeinsam versucht, die öffentliche Meinung für sich zu gewinnen (vgl. Habermas 2001). Nun kommunizieren nicht mehr nur Individuen, sondern Organisationen – ein weiteres Wesensmerkmal heutiger PR. Im 19. Jahrhundert ist die Ausdifferenzierung so weit gediehen, dass erste hauptberufliche PR-Praktiker auftauchen, die unterschiedliche Kommunikationsinstrumente strategisch, d.h. geplant einsetzen. Die (vorerst) letzte Phase wird im 20. Jahrhundert erreicht, als sich der PR-Beruf zu einem eigenen sozialen System mit Berufsverbänden und Studiengängen entwickelt hat.

**Modell**

Abbildung 1: Schichtenmodell zur PR-Entwicklungsgeschichte von Bentele (1997 b)

| |
|---|
| **Public Relations als soziales System;** 20. Jahrhundert |
| **Public Relations** (PR als Beruf und Berufsfeld); 19. Jahrhundert |
| **Organisationskommunikation** (funkt. PR, PR-Instrumente); ausgehendes Mittelalter, Neuzeit |
| **Öffentliche Kommunikation** (Publizistik); Altertum, Mittelalter |
| **Interpersonale Kommunikation** (versch. Kommunikationsfunktionen); Menschheitsgeschichte |

# 3. PR und Media Relations

Aus dem historischen Abriss wurde bereits deutlich, dass PR die Kommunikation einer Organisation mit der Öffentlichkeit ist, um bestimmte Ziele zu erreichen und Interessen durchzusetzen. Deshalb kann man PR als *interessensgeleitete Organisationskommunikation* bezeichnen. Was Organisationen sind, welche Ziele sie verfolgen und wie ihnen dabei PR hilft, diese zu erreichen, betrachten wir im folgenden Abschnitt. Dabei wenden wir uns auch der Frage zu, welche Funktionen PR in demokratischen Gesellschaften erfüllt. Abschließend sehen wir uns das wichtigste Feld der PR an, die Media Relations bzw. Pressearbeit. Sie ist der zentrale Schauplatz der Beziehung zwischen Journalismus und PR.

## 3.1 PR als Organisationskommunikation

Was ist eine Organisation?

Eine Organisation ist ein „soziales Gebilde, zu dem sich Personen als kooperative Akteure zusammenschließen, um mittels Nutzung gemeinsamer Ressourcen übergeordnete Interessen dauerhaft zu realisieren" (Szyszka 2006: 209). Man kann also dann von einer Organisation sprechen, wenn sich mehrere Personen zusammentun, um gemeinsam ein längerfristiges Ziel zu erreichen. Weiter gelten Organisationen als arbeitsteilig gegliedertes Rollensystem – man spricht auch von funktionaler Differenzierung. Die Mitglieder erfüllen also unterschiedliche Aufgaben und tauschen ihre Leistungen aus. Häufig gibt es eine Hierarchie unter den Mitgliedern: Die Leitungsebene steuert die Organisation nach innen und repräsentiert sie nach außen. Die operative Ebene führt die ihr übertragenen Aufgaben aus.

Organisationstypen

Beschaffenheit und Ziele von Organisationen können äußerst unterschiedlich sein. *Wirtschaftsunternehmen* vom Handwerks- und mittelständischen Unternehmen bis hin zu Großkonzernen verfolgen ökonomische Interessen. *Institutionen* verfolgen keine ökonomischen Interessen (Non-Profit-Organizations). Sie dienen entweder dem öffentlichen Gemeinwohl (z.B. Behörden, Schulen, Universitäten, Rundfunkanstalten) oder vertreten Partikularinteressen (Parteien, Gewerkschaften, Kirchen, Verbände und andere Non-Government-Organizations).

Auch die Kommunikationsaufgaben von Organisationen sind unterschiedlich. Konsumartikelhersteller etwa versuchen ständig, mit ihren Marken in der Öffentlichkeit präsent zu sein. Behörden und öffentliche Einrichtungen hingegen wollen oft nicht kommunizieren, sind aber gesetzlich zu Publizität und Auskunft gegenüber Journalisten verpflichtet. Auch Kapitalgesellschaften unterliegen Publizitätspflichten (z.B. Jahresabschluss, Ad-hoc-Meldungen), da interne und externe Entwicklungen den Wert ihrer Aktie erheblich beeinflussen können. Viele Verbände (z.B. Unternehmer-, Branchen- oder Berufsverbände) wurden gerade zur Kommunikation gegründet, um gemeinsame Interessen nach außen zu vertreten. Besonders interessant ist hier die Lobbyarbeit, die politische Entscheidungen durch kommunikativen Druck auf Politiker und die Öffentlichkeit zu beeinflussen versucht.

Anspruchsgruppen

Jede Organisation hat eine Vielzahl von Anspruchsgruppen, auch Stakeholder oder Teilöffentlichkeiten genannt, mit der die Organisation in Beziehung steht. Typische Anspruchsgruppen von Unternehmen – und die entsprechenden PR-Felder – sind:

- die Kunden, die die angebotenen Produkte oder Dienstleistungen eines Unternehmens kaufen oder sich dafür interessieren (*Customer Relations*),[4]
- Mitarbeiter und Jobsuchende, denen ebenfalls am wirtschaftlichen Erfolg des Unternehmens gelegen ist, die sich gleichzeitig aber auch gute Arbeitsbedingungen wünschen (*Human Relations* bzw. *interne Kommunikation*),
- Investoren, die erwarten, dass das Unternehmen mit ihrem Geld profitabel wirtschaftet (*Investor Relations*),
- andere Unternehmen als Kooperationspartner, z.B. als Vermarkter, Zulieferer oder Dienstleister (*Business-to-Business-* oder *b2b-Kommunikation*),
- Nachbarn einer Fabrik, die unmittelbar von den Auswirkungen der Produktion betroffen sind, Bürger derselben Gemeinde oder andere Betroffene (*Community Relations*),
- und natürlich Entscheidungsträger in Politik und Verwaltung, die das Unternehmen kontrollieren, regulieren oder auch fördern (*Public Affairs*).
- Auch Massenmedien bzw. Journalisten gehören zu den Stakeholdern einer Organisation. Sie nehmen, wie bereits erläutert, eine besondere Stellung ein. Denn ihre Fähigkeit, Informationen zu verbreiten und die öffentliche Meinung zu beeinflussen, unterscheidet sie von anderen gesellschaftlichen Akteuren (*Media Relations*).

---

4 Das ist das PR-Feld mit der größten Überschneidung zu Marketing bzw. Werbung (vgl. hierzu Siegert & Brecheis 2005). Naturgemäß sind Werbung und Vertrieb zur Gewinnung neuer Kunden sowie das Customer-Relationship-Management (CRM), also die Pflege von Bestandskunden, klassische Marketingaufgaben. Eine klare Trennung zwischen Marketing/ Werbung und PR wird heute zunehmend schwierig, weil beide Felder häufig ähnliche Aufgaben erfüllen und zunehmend dieselben Kommunikationsinstrumente einsetzen (z.B. Social Media).

Jede der Gruppen betrachtet eine Organisation aus einem anderen Blickwinkel und mit einer eigenen Erwartungshaltung. Nicht selten stehen die Erwartungen im Widerspruch zueinander, sodass Organisationen selten allen Ansprüchen gerecht werden und mit allen Gruppen eine gleichermaßen positive Beziehung aufbauen können.

### 3.2 Kommunikationsaufgaben der PR

Eben darin besteht die eigentliche Aufgabe der Public Relations: eine *dauerhafte und positive Beziehung* (relation) mit der Öffentlichkeit (public) und allen Anspruchsgruppen (publics) aufzubauen und zu erhalten. Harlow (1976) formuliert es in seiner PR-Definition so: „establish and maintain mutual lines of communication, understanding, acceptance and cooperation between an organization and its publics".

Reputation, Vertrauen & Akzeptanz

Die positive Beziehung zwischen einer Organisation und ihren Anspruchsgruppen lässt sich mit drei eng verwandten Konzepten beschreiben: Reputation, Vertrauen und Akzeptanz.

*Reputation* steht für den ‚guten Ruf' einer Organisation. Sie umfasst meist mehrere Dimensionen, die von der Organisation gemäß ihren Zielen selbst definiert werden. Die üblichsten sind Kompetenz, Innovation, Zuverlässigkeit, Vertrauenswürdigkeit und soziale Verantwortung (Corporate Social Responsibility, vgl. Raupp et al. 2010).[5]

Reputation wird über vier Wege aufgebaut: Erstens über direkte, persönlichen Erfahrungen, die Stakeholder mit einer Organisation und ihren Leistungen gemacht haben; zweitens über interpersonale Kommunikation über die Organisation, drittens über die Selbstdarstellung der Organisation beispielsweise durch Werbung oder Website sowie viertens über die Medienberichterstattung (vgl. Gilpin 2010: 266). Da die Medien viele Menschen erreichen, gilt ihnen besondere Beachtung. So leicht es ist, die Reputation einer Organisation zu ruinieren, so schwer ist es, eine positive Reputation neu aufzubauen oder gar eine beschädigte Reputation wieder aufzubauen. Das ist auch der Grund, warum PR langfristig orientiert ist – im Gegensatz zur kurzfristig auf den Abverkauf von Produkten abzielenden Werbung.

*Vertrauen* (auch Verständnis bzw. trust) steht für die Wahrnehmung unter den Stakeholdern, dass eine Organisation verständliche und

5 Das Konstrukt Reputation ähnelt dem im Marketing üblichen Image. Während sich Marketing und Werbung jedoch (a) auf Produkte und Marken beziehen und sich (b) für Konsumenten interessieren, steht bei der PR die Organisation und ihr Verhältnis mit unterschiedlichen Anspruchsgruppen im Mittelpunkt. Dort können unterschiedliche Reputations-Dimensionen dominieren: Legen beispielsweise Konsumenten eher Wert auf Kompetenz, interessieren sich (zukünftige) Mitarbeiter eher für Zuverlässigkeit und Verantwortung.

nachvollziehbare Entscheidungen trifft, transparent handelt, ihre Versprechungen einhält und man ihr deshalb glauben kann.

*Akzeptanz* ergibt sich als unmittelbare Folge von Reputation und Vertrauen. Hat sich eine Organisation Vertrauen und einen guten Ruf erarbeitet, werden ihre Entscheidungen und Leistungen mit höherer Wahrscheinlichkeit auf Zustimmung treffen.

Reputation, Vertrauen und Akzeptanz sind wichtige Voraussetzungen für das erfolgreiche Durchsetzen der Interessen einer Organisation. Ein Unternehmen, das beharrlich allgemeine Wertvorstellungen missachtet, wird auf Dauer schwerlich wirtschaftlichen Erfolg erzielen. Ebenso wenig wird eine Hilfsorganisation ohne Vertrauen in ihre Arbeit Spenden akquirieren oder eine Partei eine Wahl gewinnen. Soziales Vertrauen kann aber nur dort entstehen, wo Absichten offengelegt, die Anspruchsgruppen entsprechend informiert und ggf. Diskussionen mit ihnen geführt werden. Genau das ist die zentrale Aufgabe der PR. Deshalb definiert Bentele (1997 a: 22) PR als „Management von Informations- und Kommunikationsprozessen zwischen Organisationen einerseits und ihren internen und externen Umwelten (Teilöffentlichkeiten) andererseits".

Legitimation & Handlungsspielräume

Damit ermöglicht PR auch die „Herstellung und Sicherung von Legitimation" (Jarren & Röttger 2009: 33). Werden die Ziele einer Organisation von den Anspruchsgruppen und der Öffentlichkeit nicht nur akzeptiert, sondern als legitim, d.h. als berechtigt und ethisch vertretbar betrachtet, erweitert sich der Handlungsspielraum der Organisation. Denn dann wird ihr ein Vertrauensvorschuss gewährt, eine *license to operate* (Jarren & Röttger 2009: 33). Das erlaubt es Organisationen bis zu einem bestimmten Grad, auch kritische Entscheidungen durchzusetzen, die mit anderen gesellschaftlichen Interessen konfligieren, ohne gleich in der Öffentlichkeit in Misskredit zu geraten (Hoffjann 2007). Auch bei drohenden Konflikten ist der Aufbau eines Vertrauensvorschusses bei potenziellen Gegnern oder anderen Anspruchsgruppen, die später einmal als Beobachter oder gar Schiedsrichter auftreten, ein entscheidender Vorteil. Im besten Fall reicht die Legitimationsleistung der PR so weit, dass das Organisationsinteresse als übergeordnetes gemeinsames Ziel der Gesellschaft wahrgenommen und entsprechend akzeptiert oder gar unterstützt wird (Röttger et al. 2011: 130).

Umweltbeobachtung

Allerdings hält ein Vertrauensvorschuss nicht unendlich vor, sondern muss immer wieder begründet und gefestigt werden. Organisationen dürfen also nicht blind gegenüber Entwicklungen und Stimmungen in ihre Anspruchsgruppen oder der Öffentlichkeit sein. Damit besteht eine weitere PR-Aufgabe darin, die Organisationsumwelt (=alle Anspruchsgruppen) kontinuierlich zu beobachten, um Chancen und Risiken rechtzeitig zu erkennen und eventuelle Auswirkungen auf die Organisation abschätzen zu können (Jarren & Röttger 2009: 40). Umweltbeobachtung bildet gewissermaßen den Startpunkt jeder PR-Aktivität, denn PR kann nur zielgerichtet mit den Anspruchsgruppen kommunizieren und deren Wahrnehmung beeinflussen (Soll-Zustand), wenn sie den ursprünglichen Ist-Zustand kennt.

Selbstbeobachtung

Während PR nach außen Akzeptanz und Vertrauen schafft, fungiert sie organisationintern als Instanz der Selbstbeobachtung und Selbstreflexion, indem sie Fragen stellt wie: Wer sind wir? Wo wollen wir hin? Sind wir auf dem richtigen Weg? Dabei steht die Frage „Wie sehen uns die Anderen?“ im Zentrum. Das soll verhindern, dass die Selbstwahrnehmung einer Organisation und die Außenwahrnehmung durch Anspruchsgruppen auseinanderdriften.

Steuerung nach innen

Gelingt es nicht, das eigene Selbstbild erfolgreich den Anspruchsgruppen zu vermitteln, muss PR Einfluss auf die Organisation selbst nehmen, um so einen möglichen Konflikt zwischen der Organisation und ihren Stakeholdern zu vermeiden oder zu entschärfen (Röttger et al. 2011). Für die Organisation kann das bedeuten, dass bisherige Strukturen und Prozesse überprüft und gegebenenfalls angepasst werden, um „Legitimationspotentiale optimal zu nutzen bzw. insbesondere eine Infragestellung der Legitimität der Organisation zu verhindern“ (Jarren & Röttger 2009: 35). Ein Beispiel ist Kinderarbeit bei Zulieferbetrieben in Asien. Auch wenn die PR eines Unternehmens noch so überzeugend ist – die Öffentlichkeit wird solche Produktionsbedingungen nicht akzeptieren. In einem solchen Fall muss PR auf Grundlage ihrer Umweltbeobachtung als Berater der Organisation aktiv werden und eine Steuerung nach innen übernehmen.

PR weist somit eine ‚doppelte Wirkungsrichtung“ auf: nach innen und nach außen (vgl. Jarren & Röttger 2009: 35). Das ist zumindest die theoretische Idealvorstellung. In der Praxis behandeln die Leiter von Unternehmen und Institutionen ihre PR immer noch zu oft als untergeordnete Kommunikationsdienstleister, die lediglich Entscheidungen nach außen ‚verkaufen’. Damit reduzieren sie die Handlungsspielräume ihrer Organisation. Als Reaktion darauf verlangen seit Jahren PR-Praktiker und -Forscher, die PR als *Managementfunktion* mit entsprechenden Mitsprache- und Entscheidungsmöglichkeiten zu begreifen (z.B. Harlow 1976).

PR-Funktionen im Überblick

Fassen wir zusammen. Aus der Sicht von Ronneberger & Rühl (1992: 28 f.) erfüllt PR für eine Organisation vier Funktionen:

- Beziehungen zu anderen Organisationen, Systemen oder Gruppen herstellen (Beziehungsaufbau) und pflegen (Beziehungspflege); das umfasst auch die Umwelt- und Selbstbeobachtung,
- Vertretung eigener Interessen nach innen und außen,
- Verständnis, Vertrauen und Sympathie für die Organisation und ihre Aktivitäten aufbauen, verstärken und erhalten,
- Einstellungen persuasiv in Richtung der Unterstützung der Organisation beeinflussen und für einen ‚guten Ruf' (Reputation) bei allen Anspruchsgruppen sorgen.

Eine andere Systematik stammt von Metzler (1953; zit. n. Röttger 2008: 401), die wir aus zwei Gründen hier abbilden: weil sie die Vermittlungsrolle des PR-Beraters nach innen und außen verdeutlicht und weil sie belegt, wie alt diese – heute oft als modern dargestellten – Vorstellungen von PR tatsächlich sind (Abbildung 2).

**Modell**

Abbildung 2: PR-Funktionen nach Metzler (1953)

PR-Funktionen aus Gesellschaftssicht

Zwar dient PR in erster Linie den Interessen einer Organisation, dennoch ergeben sich daraus auch Vorteile für die Gesellschaft. Verschiedene Autoren haben sich mit den gesellschaftlichen Funktionen der PR in demokratischen und pluralistischen Gesellschaften auseinandergesetzt.[6]

Ronneberger & Rühl (1992) sehen eine wesentliche Leistung der PR im Erreichen eines Konsenses zwischen unterschiedlichen Organisationen bzw. Akteuren. Mit der „Herstellung und Bereitstellung durchsetzungsfähiger Themen“ (S. 252) macht PR verschiedene Interessen innerhalb einer Gesellschaft sichtbar und schafft damit die Voraussetzung für einen Interessensabgleich. PR hilft also, verborgene *Konflikte öffentlich sichtbar* zu machen und verschiedene Standpunkte zur Diskussion zu stellen, um so „das Auseinanderdriften von Partikularinteressen zu steuern und das Entstehen von Mißtrauen zu verhindern“ (ebd.).

Hinter dieser Überlegung steht im Grunde wieder das Legitimationsprinzip – diesmal geht es um die *Legitimation politischer Macht*: In einer Demokratie gilt Herrschaft dann als legitimiert, wenn sie in freien Wahlen bestimmt wurde. Nur wenn die Wähler die Positionen der einzelnen Parteien kennen, können sie darüber entscheiden, welche Partei ihre Interessen am besten vertritt. Nun gibt es aber – salopp formuliert – so viele Interessen, wie es Menschen gibt. Wie aber sollen Wähler wissen, für welche Interessen ein Politiker oder eine Partei im Einzelfall steht? Indem Organisationen ihre Interessen mittels PR in die Öffentlichkeit bringen, zwingen sie Politiker zu öffentlich sichtbaren Entscheidungen oder zumindest Aussagen, und ermöglichen Wählern damit eine wesentliche Orientierung.

PR leistet aus dieser Sicht also neben dem Journalismus einen Beitrag zur Meinungsvielfalt und zur *öffentlichen Diskussion* von Interessensgegensätzen innerhalb der Gesellschaft, auf deren Grundlage demokratische Entscheidungen erst möglich werden (vgl. Ronneberger 1977). In ihrer Rolle als Informationszulieferer für den Journalismus sieht Rolke (2009: 187) eine Leistung der PR sogar darin, „den Realitätsgehalt (medial vermittelter) Wirklichkeit zu verbessern“, d.h. den Journalismus in seiner gesellschaftlichen Aufgabe zu unterstützen. Das ändert allerdings nichts an der eingangs betonten Tatsache, dass PR immer die partikulären Interessen einer Organisation verfolgt.

## 3.3 Media Relations als Beziehungspflege mit Medien

Beziehungspflege und Medienpräsenz

Journalisten und Medienvertreter stellen die wichtigste Zielgruppe der PR dar (Bentele et al. 2009: 97). Die Darstellung einer Organisation in den Massenmedien kann über ihr Wohl oder Übel entscheiden, denn

6 In der US-Forschung werden gesellschaftliche PR-Funktionen kaum berücksichtigt (Hoffjann 2007: 74).

für fast alle Bürger sind sie die zentrale Quelle für Informationen, die sich dem eigenen Erleben entziehen. Massenmedien sind der Kommunikationskanal, über den man in kurzer Zeit viele Menschen erreichen kann (hohe Reichweite). Themen, die von den Medien aufgegriffen werden, erreichen damit eine breite Öffentlichkeit und haben eine Chance, ins Bewusstsein der Menschen zu gelangen. Folglich gilt die systematische Beziehungspflege zu Journalisten und Massenmedien als die Hauptaufgabe der PR. Das geht so weit, dass man PR häufig mit Media Relations – gebräuchlich sind auch die Begriffe Medienarbeit und Pressearbeit – gleichsetzt.[7] Entsprechend ist häufig die Rede von PR-Leuten, wenn eigentlich Pressesprecher oder Medienarbeiter gemeint sind. Medienarbeiter darf wohlgemerkt nicht missverstanden werden als Arbeiter *in* den Medien, also Journalisten, sondern meint PR-Tätige, die *mit* den Medien bzw. *mit* Journalisten arbeiten.

Media Relations als Teil der PR

Bevor wir uns näher mit den Media Relations befassen, wollen wir sie ins Gesamtfeld der PR einordnen. Abbildung 3 zeigt die drei grundsätzlichen Kommunikationskonstellationen.

**Modell**

Abbildung 3: Kommunikationskonstellationen der Public Relations

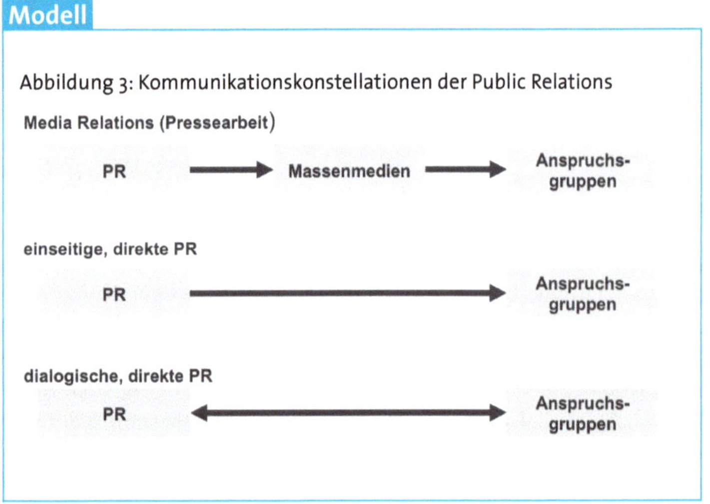


PR will erstens Anspruchsgruppen durch *einseitige und direkte Kommunikation* informieren und überzeugen. Man spricht auch von one-to-many-Kommunikation, weil ein Kommunikator beliebig viele Rezipienten anspricht. Die wichtigsten Instrumente sind: Newsletter

7 Diese Verkürzung findet sich nicht nur in der Praxis, sondern auch in der Wissenschaft. Auch in diesem Band ist der Einfachheit meist von PR die Rede, auch wenn wir uns überwiegend auf Medienarbeit beziehen.

(postalisch oder per Mail), Websites, Flyer, Broschüren, Stellenausschreibungen in den Human Relations, in den Investor Relations Geschäftsberichte, Verkaufsprospekte oder ad hoc-Mitteilungen, aber auch Studien, Gutachten und andere Informationsmaterialien in den Public Affairs und Community Relations. Auch journalistisch aufgemachte Instrumente, sog. Corporate Media, kommen zum Einsatz. Das sind Kunden- oder Mitgliedermagazine (z.B. ADAC Motorwelt, DB mobil, Apotheken-Umschau), verschiedenste Varianten von Kunden- oder Mitarbeiterfernsehen oder Blogs (z.B. Daimler-Blog).

Auch bei der zweiten Konstellation erfolgt *direkte* Kommunikation zwischen PR und Anspruchsgruppen. Hier ist sie aber *zweiseitig*, d.h. die Organisation sucht den direkten Dialog mit den Stakeholdern – entweder one-to-one oder in der Gruppe. Wichtige Dialog-Instrumente sind persönliche Gespräche, Telefonate, E-Mail, Diskussionsveranstaltungen, Job-/Recruiting-, b2b- oder Verbrauchermessen, Events, bei Aktiengesellschaften die jährliche Hauptversammlung. Dialogische Kommunikation gilt aus mehreren Gründen als besonders leistungsstark: Erstens lassen sich dauerhafte und von Vertrauen getragene Beziehungen zwischen einer Organisation und ihren Stakeholdern nur im echten Dialog entwickeln. Zweitens können die Beteiligten im Dialog Unklarheiten oder Missverständnisse unmittelbar klären, was der Informationsvermittlung zugutekommt. Drittens hat dialogische Kommunikation ein höheres Persuasionspotenzial, weil der Kommunikator unmittelbar auf Zweifel oder Gegenargumente des Rezipienten reagieren und diese entkräften kann.

Auch wenn dialogische Instrumente in der Praxis aufgrund des großen Aufwandes eher zurückhaltend eingesetzt werden, gelten sie aus den genannten Gründen als höchste Evolutionsstufe der PR, die den Grundgedanken der Public Relations im Sinne einer echten Beziehung erst vollständig einlöst (vgl. die Excellence Theory of PR von Grunig & Hunt 1984). Besondere Beachtung finden in diesem Zusammenhang Social Media. Ihnen wird sogar zugetraut, die Dialogfähigkeit der PR auf eine neue Qualitätsstufe zu stellen (vgl. z.B. Schultz & Wehmeier 2010).

Grundlagen der Media Relations

Die dritte Kommunikationskonstellation sind Media Relations. Wie bereits erläutert, entstand PR ursprünglich aus der Notwendigkeit, der journalistischen Berichterstattung ein Gegengewicht entgegenzusetzen. Public Relations waren früher fast identisch mit Media Relations, denn nur mit Hilfe der Massenmedien konnte man viele Stakeholder in kurzer Zeit erreichen.

Das hat sich mit der Verbreitung des Internet geändert, denn mit eigenen Websites oder Social Media-Aktivitäten auf Facebook, YouTube, Twitter usw. können Organisationen ihre Stakeholder heute ebenfalls direkt erreichen. In diesem Zusammenhang ist von ‚Journalisten-Bypassing' die Rede, also vom Umgehen der Journalisten durch die PR (vgl. Ruß-Mohl 2000; Schnettler 2006: 31). Die Macht der Journalisten als bislang *einzige* Gatekeeper der Informationsverbreitung schwindet also tendenziell. Das gilt zumindest ansatzweise für bekannte Marken wie Coca-Cola, McDonalds, BMW, Siemens oder adidas sowie Institutionen wie das Bundeskanzleramt, Ministerien, den ADAC, Greenpeace oder das Rote Kreuz. Denn auch sie können mit ihren reichweitenstarken Magazinen (sog. Corporate Media, z.B. ADAC Motorwelt, DB mobil) und Websites sowie Social Media-Aktivitäten in kurzer Zeit viele Menschen direkt mit ihren Botschaften erreichen. Für Organisationen, die weniger im öffentlichen Interesse stehen, bleiben Media Relations und Medienberichte unverändert der schnellste und effizienteste Weg, ihre Publika zu erreichen. Man darf allerdings den Einfluss von Social Media im Vergleich mit klassischen Medien nicht überschätzen. Denn auch in den sozialen Medien stammt ein erheblicher Teil der Inhalte aus den Massenmedien bzw. bezieht sich auf sie (z.B. Frees & Fisch 2011).

Abbildung 3 verdeutlicht auch, dass bei Media Relations die Kommunikation zwischen PR und Journalisten eigentlich nur dem Ziel dient, mittels Massenmedien die Stakeholder zu erreichen. Die Journalisten sind so gesehen keine Stakeholder, sondern sie erfüllen lediglich eine Vermittlungsaufgabe (als sog. Intermediäre).

## 3.4 Media Relations-Instrumente

Tabelle 1 zeigt die wichtigsten Media Relations-Instrumente im Überblick (vgl. detailliert Lies 2008). Manifeste Instrumente zeichnen sich dadurch aus, dass die dortigen Inhalte in schriftlicher oder audiovisueller Form festgehalten sind, als Dokument archiviert und weitergegeben werden können. Bei latenten Instrumenten ist das nicht der Fall, sie basieren meist auf gesprochener Sprache.[8]

8 Unterscheidung nach Bentele (z.B. Bentele & Nothhaft 2004: 82).

Tabelle 1: Media Relations-Instrumente im Überblick

| **Instrument** | **Funktion** | **Konstellation** | **Art** | **Zielgruppe** |
|---|---|---|---|---|
| Pressemitteilungen | Medien erhalten Beiträge für beliebigen Einsatz | einseitig | manifest | Print & Online |
| Pressekonferenzen | Einladung von Journalisten zu aktueller Informationsveranstaltung; meist mit Gelegenheit für Fragen/ Interviews | einseitig & dialogisch | manifest | alle |
| Pressemappe / Media Kit | Unterlagen, die Journalisten zu einer Pressekonferenz erhalten | einseitig | manifest | alle |
| Footage | Medien erhalten sendefähiges Video-/Audio-Material für beliebigen Einsatz | einseitig | manifest | TV, Radio & Online |
| Fachartikel / Gastkommentar | Experten einer Organisation informieren und demonstrieren in eigenem Beitrag ihre Kompetenz | einseitig | manifest | Fachjournalismus |
| Interview | (Prominentes) Führungspersonal oder Experten einer Organisation stehen Journalisten Rede und Antwort, häufig exklusiv | dialogisch | manifest | alle |
| Hintergrundgespräch | Persönliches Gespräch mit Journalisten; Inhalte nicht zur Veröffentlichung | dialogisch | latent | besonders politischer Journalismus |
| Pressetour / Roadshow | Journalisten erhalten Produktdemonstration vor Ort | einseitig & dialogisch | latent | Fachjournalismus, z.B. Technik |
| Pressereise | Journalisten werden kostenlos zu attraktiven Locations eingeladen, um zu berichten. | einseitig & dialogisch | latent | Fachjournalismus, z.B. Auto, Kultur |
| Testprodukte | Journalisten bekommen kostenlos Testprodukte (z.B. Kosmetika, Geräte, Autos usw.) überlassen oder geschenkt. | einseitig | latent | Fachjournalismus, z.B. Auto, Lifestyle, Kultur |

Pressemitteilungen

Die Hauptaufgabe der Media Relations besteht darin, Journalisten mit veröffentlichungsfähigen Inhalten zu beliefern und diese dazu zu bewegen, über die Organisation und ihre Themen zu berichten. Dabei gelten Pressemitteilungen als das wichtigste Instrument. Da sich die Ansätze zum Verhältnis von PR und Journalismus (→Abschnitte 7 und

8) intensiv mit ihnen befassen, sollen sie hier etwas näher beschrieben werden.

Eine Pressemitteilung ist ein Dokument, das Organisationen an Journalisten oder Redaktionen schicken. Die Grundidee besteht darin, dass der Text unverändert oder mit Überarbeitungen bzw. Kürzungen als Beitrag im jeweiligen Medium erscheinen kann. Pressemitteilungen werden meist auf elektronischem Weg (E-Mail) versandt, damit die Journalisten sie einfach und schnell in ihr Redaktionssystem kopieren können. Pressemitteilungen orientieren sich an journalistischen Qualitätsstandards, denn es gilt: Je höher die Qualität einer Pressemitteilung, desto weniger journalistische Überarbeitung und damit Arbeit ist nötig, und desto höher ist die Wahrscheinlichkeit einer Übernahme (→Kap. 7.3). Das bedeutet für gängige Pressemitteilungen im Nachrichtenstil (vgl. ausführlich Bischl 2011):

- eine Länge zwischen einer und zwei Seiten,
- eine informative und prägnante Überschrift,
- zentrale Informationen im Leadtext zu Beginn,
- ein Textaufbau als umgekehrte Pyramide (das wichtigste zuerst),
- die Beantwortung der journalistischen W-Fragen (Wer? Was? Wann? Wo? Wie? Warum? Woher/welche Quelle?),
- eine gut lesbare, journalistische Sprache (aktiver Stil, kurze Sätze, kein Nominalstil, keine Begriffshülsen & Redundanzen, Verzicht auf werbliche Aussagen und Eigenlob),
- attraktives Bildmaterial und
- Themen mit Nachrichtenwert.

Entscheidet sich ein Journalist gegen die Publikation, sollte die Pressemitteilung wenigstens das Interesse an der Organisation oder dem Thema wecken. Deshalb enthalten Pressemitteilungen weitere Elemente wie den sog. Abbinder mit Informationen zur Organisation und zum Ansprechpartner oder eine stichpunktartige Zusammenfassung, um Journalisten die Relevanzbeurteilung zu erleichtern.

Pressemitteilungen werden nicht nur aktiv an Redaktionen geschickt (Push), sondern meist auch auf der Organisations-Website in einem Pressebereich vorgehalten, sodass Journalisten bei der Recherche auf sie zugreifen können (Pull).

Media Relations vs. Werbung

Was geschieht, wenn es der PR gelingt, eine Pressemitteilung mehr oder weniger unverändert in einem Medium zu platzieren? Im Gegensatz zur Werbung wissen Rezipienten in diesem Fall meist nicht, wer der eigentliche Initiator oder (Mit-)Urheber des Medienberichts ist, und dass sie beeinflusst werden sollen. Die interessensgeleitete PR versteckt sich gleichsam hinter der vermeintlich objektiven journalistischen Berichterstattung und nutzt deren Glaubwürdigkeit für ihre Zwecke. Diese Tarnung bzw. ‚Mimikry' (Westerbarkey 2004) ist auch der Grund, warum man der Medienarbeit landläufig stärkere Persuasionseffekte als Werbung zugetraut. Empirisch ist diese Frage allerdings nicht geklärt.

An dieser Intransparenz wird durchaus Kritik laut, z.B. vonseiten des Netzwerkes Recherche: „PR greift auf leisen Sohlen das Herz-Kreislauf-System des Journalismus an, weil die bezahlten Botschaften ja explizit *nicht* mit dem korrekten Absender versehen, sondern als ‚normaler' Journalismus getarnt sind." (Leif 2011: 8)

Zweiter Unterschied zur Werbung: Während dort Werbetreibende bei Medien einen Werbeplatz kaufen und bezahlen, den sie mit einem selbstbestimmten Werbemittel (Anzeige, TV- oder Radio-Spot usw.) füllen, bezahlen PR-Schaffende in der Regel nichts. Natürlich haben sie damit auch keinen Anspruch auf die journalistische Umsetzung ihrer Inhalte. So kann es passieren, dass eine Pressemitteilung in den Medien – gegen ihre ursprüngliche Absicht – zu negativer Berichterstattung führt. Das ist besonders in Krisenphasen möglich, wenn Journalisten eine Organisation und ihre Aktivitäten mit größerem Misstrauen beobachten als sonst (→Kap. 7.3).

## 3.5 Kommunikationsaufgaben und Strategien der Media Relations

Die zwei wesentlichen *Kommunikationsaufgaben* der Media Relations sind Reputationsmanagement und Issues Management.

Reputationsmanagement

Beim *Reputationsmanagement* geht es darum, eine Organisation, ihre Vertreter, Aktivitäten und Ziele in der Öffentlichkeit und in den jeweiligen Anspruchsgruppen (a) bekannt zu machen (Publicity/Publizität) und (b) als besonders renommiert und vertrauenswürdig darzustellen (→Kap. 3.2). Das gelingt unter zwei Voraussetzungen. Erstens: Die Medien berichten möglichst *umfassend* über die Organisation. Je häufiger, umfangreicher und auffälliger (z.B. als Aufmacher eines Magazins) die Berichterstattung, desto höher ist die Wahrscheinlichkeit, dass Mitglieder der Anspruchsgruppen den Beitrag rezipieren. Zweitens: Die Medien berichten möglichst *positiv*. Allerdings verändern sich Reputation und Vertrauen nur sehr langsam. Deshalb streben Medienarbeiter eine möglichst kontinuierliche Medienpräsenz ihrer Organisation an.

Issues Management

*Issues Management* als zweite Media Relations-Aufgabe basiert auf der Annahme, dass es hilfreich ist, wenn die Medien über Themen berichten, die eine Organisation (a) betreffen oder von ihr selbst stammen und in deren Zusammenhang die Organisation (2) eine positive Rolle spielt. Deshalb versuchen Organisationen die Themen, die in der Öffentlichkeit aktuell relevant sind und diskutiert werden, zu beeinflussen. Das geschieht in zwei Schritten:

1. Im ersten Schritt gilt es, die Themen der Medienberichterstattung zu setzen (*Agenda Building*).
2. Bekommen Themen in den Medien große Aufmerksamkeit, werden sie auch von der Bevölkerung für relevant gehalten (*Agenda Setting*). Dass die Thematisierungsfunktion der Massenmedien gut funktioniert, ist empirisch eindeutig bestätigt (vgl. etwa Bulkow & Schweiger 2013).

Beim Issues Management geht es nicht nur um das Setzen von Themen, sondern auch darum, Berichterstattung über problematische Themen zu verhindern (*Agenda Cutting*).

Media Relations-Strategien

Doch wie gelingt es PR-Leuten, Journalisten dazu zu bewegen, ihre Pressemitteilungen abzudrucken oder mit positivem Tenor über ihre Organisation zu berichten? Von der professionellen Gestaltung von Pressemitteilungen als einer Strategie war bereits in Kap. 3.4 die Rede. Zwei weitere *Strategien* der Medienarbeit seien an dieser Stelle wegen ihrer Bedeutung eingehender erläutert: Pseudo-Ereignisse und Agenda-Surfing.

Pseudo-Ereignisse

Da Nachrichtenjournalisten bei der Auswahl von Themen stark auf Nachrichtenfaktoren wie Aktualität oder Relevanz achten (→Kap. 4.3), versuchen PR-Schaffende häufig *Pseudo-Ereignisse* zu kreieren (der Begriff stammt von Boorstin 1987). Das sind Veranstaltungen (z.B. Tag der offenen Tür, Firmenjubiläum, Autohauseröffnung, Preisverleihung) und andere Ereignisse (z.B. Tag der Frau, Tag des Brotes), die eigens dafür geschaffen und per Pressemitteilung beworben werden, um Journalisten einen tagesaktuellen Aufhänger für Berichterstattung zu geben (in Gegensatz zu ‚echten' bzw. genuinen Ereignissen, zu Ereignistypen vgl. Kepplinger 2001). Reicht der aktuelle Aufhänger nicht aus, werden Prominente eingeladen (Nachrichtenfaktor Prominenz oder Elitestatus). Besonders erfolgreich bei der Inszenierung schlagzeilenträchtiger, bildstarker und emotionalisierender Pseudo-Ereignisse ist seit Jahren Greenpeace. Über viele spektakuläre Protestaktionen, bei denen sich z.B. Aktivisten mit kleinen Schlauchboten riesigen Walfangschiffen in den Weg stellen, wurde intensiv in den Medien berichtet, was die öffentliche Meinung sicherlich erheblich beeinflusst hat (vgl. hierzu Berens 2001). Wie wichtig Pseudo-Ereignisse sind, erkannte bereits der ‚PR-Papst' Edward L. Bernays 1923 (2004): Er schrieb, ein PR-Experte sei ein „Schöpfer von Ereignissen" (zit. n. Kunczik 2002: 133).

Spin und mediatisierte Ereignisse

In der Wahlkampfkommunikation hat sich der Begriff *Spin* etabliert. Damit ist gemeint, dass Kommunikationsberater (*Spin doctors*) ein wenig attraktives Thema oder Ereignis mit einem kommunikativen ‚Dreh' versehen und es für die Medien interessanter machen (→Kap. 9.2). Wenn beispielsweise ein Gesundheitsminister eine Gesetzesnovelle lediglich als Gesetzestext veröffentlichen lässt, kann er wegen der komplexen Materie bestenfalls auf verhaltene Medienresonanz hoffen. Erläutert er das Gesetz Journalisten jedoch in der Betreuungsstation eines Seniorenheims, ist ihm auch die Aufmerksamkeit der Boulevardmedien sicher. In diesem Fall spricht man von einem *mediatisierten Ereignis*.

Ein Paradebeispiel für ein Pseudo-Ereignis ist der Preis „Krawattenmann des Jahres" (www.krawattenmann.de). Er wird seit 1965 vom Deutschen Modeinstitut an prominente Krawattenträger verliehen. Preisträger waren Politiker wie Willy Brandt (1967), Journalisten wie Ulrich Wickert (2005), Künstler wie Roger Cicero (2007) und Sportler wie Henry Maske (2008). Lohn der PR-Mühen ist einmal im Jahr eine intensive Medienberichterstattung über den Preisträger, das Tragen von Krawatten und neueste Krawattentrends. Dabei werden zwar keine konkreten Marken beworben, aber das Thema ‚Krawatte' kommt ins öffentliche Bewusstsein, was allen beteiligten Krawattenfirmen nutzt.

Agenda Surfing

Beim *Agenda Surfing* macht sich PR das Interesse von Journalisten an bereits etablierten Themen zunutze: Man setzt den Inhalt in einer Pressemitteilung oder einem anderen Instrument unmittelbar mit einem Thema in Beziehung, das die Öffentlichkeit im Augenblick beschäftigt.

Warum funktioniert Agenda Surfing? Medien beeinflussen nicht nur, welche Themen die Rezipienten wichtig finden (Agenda Setting). Sie versuchen natürlich auch umgekehrt, über Themen oder Ereignisse zu berichten, die das Publikum interessieren, weil das die Reichweiten bzw. Auflagen ihrer Medien steigert und damit deren ökonomischen Erfolg. Die Nachrichtenwertforschung berücksichtigt diesen Effekt als Nachrichtenfaktor *Kontinuität* (→Kap. 4.3). Auch der Schlüsselereignis-Ansatz ist in diesem Zusammenhang zu nennen. Er beschreibt, dass Medien nach einer großen Katastrophe, z.B. einem Eisenbahnunglück, einer Ölpest oder einem Anschlag auf ein Asylbewerberheim auch über kleinere Ereignisse berichten, die diesem Schlüsselereignis ähnlich sind, es ansonsten aber nicht in die Medien geschafft hätten (z.B. Brosius & Eps 1993).

Deshalb ist die Bereitschaft von Journalisten groß, die Geschichte einer Organisation, die irgendetwas mit einem derzeit ‚angesagten' Thema zu tun hat, zu übernehmen. In der Praxis führt das zu teilweise recht konstruierten Versuchen, wie z.B. Pressemitteilungen, die sich irgendwie auf ökologische Themen oder erneuerbare Energien beziehen. Besonders der Trend in vielen Unternehmen, das populäre Thema ‚ökologische und soziale Verantwortung' (Corporate Social Responsibility) auch als Aufhänger der Medienarbeit zu nutzen, löst gelegentlich Greenwashing-Vorwürfe aus. Hier muss die PR aufpassen, nicht den Bogen zu überspannen und die Glaubwürdigkeit ihrer Organisation zu gefährden.

# 4. Journalismus – gesellschaftliches Funktionssystem und Partner der PR

Der Blick auf die historischen Wurzeln in Kap. 2 hat gezeigt, dass sich der Journalismus zu einem eigenständigen System entwickelt bzw. ausdifferenziert hat, das konkrete Funktionen für die Gesellschaft erbringt. Gleichzeitig erfüllt er auch Funktionen für die PR (→Kap. 3.3).

Kap. 4.1 bleibt auf der Makroebene und erläutert die Funktionen des Journalismus aus gesellschaftlicher und damit normativer Sicht. Hier geht es also um die Frage, was wir als Gesellschaft vom Journalismus erwarten. Gleichzeitig erläutern wir erste Implikationen für die PR-Arbeit. In Kap. 4.2 wird es empirisch. Hier betrachten wir auf der Meso-/Mikroebene, wie Redaktionen und Journalisten tatsächlich Nachrichten aus der PR oder anderen Quellen auswählen und gestalten. In Kap. 4.3 lernen wir schließlich journalistische Routinen kennen, die auch für die Pressearbeit von großer Bedeutung sind.

## 4.1 Funktionen des Journalismus

Aus der Entwicklungsgeschichte des Journalismus lässt sich auch seine Funktion für die Gesellschaft ableiten und sie lautet schlicht und einfach: *relevante aktuelle Themen auszuwählen, aufzubereiten und zu veröffentlichen.*[9]

Realität und Organisationen als Themenquellen

Doch woher kommen aktuelle Themen? Grundsätzlich lassen sich zwei Quellen unterscheiden: die *Realität* mit ihren genuinen Ereignissen (Arbeitslosigkeit, Umweltschäden, Katastrophen usw., →Kap. 3.5) und *gesellschaftliche Akteure*, die bestimmte Interessen vertreten – also PR-treibende Organisationen. Wenn wir uns nun an die gesellschaftliche Funktion von PR als „Herstellung und Bereitstellung *durchsetzungsfähiger* Themen" (→Kap. 3.2) erinnern, wird die gesellschaftliche Erwartung an das Zusammenspiel von Journalismus und PR verständlich: PR-treibende Organisationen liefern Themen und Aussagen als gesellschaftliche Diskussionsbeiträge, und Journalisten wählen die relevantesten davon aus, bereiten sie professionell auf und veröffentlichen sie (ausführlich Schönhagen 2006). Die Medien sind Schiedsrichter und Vermittlungsinstanz in einem. Gleichzeitig orientieren sie sich am Publikum. Ihre Aufgabe besteht also darin, den Wettkampf zwischen Organisationen möglichst fair und publikumsattraktiv zu gestalten. Journalismus strukturiert damit die wachsende Informationsmenge innerhalb der Gesellschaft, organisiert den Informationsfluss

9 Basis ist eine vielzitierte Definition von Rühl (1980: 323). Er definiert die Funktion des Journalismus als „Herstellung und Bereitstellung von Themen zur öffentlichen Kommunikation".

und sichert dauerhaft die Bereitstellung relevanter Informationen (Blöbaum 2004). Deshalb bezeichnet man Journalisten auch als Informations-Schleusenwärter oder Gatekeeper.

Information und Bildung

Die Kernfunktion journalistischer Arbeit also ist *Information.* Das Augenmerk liegt hierbei auf der Vermittlung faktischer, d.h. tatsächlicher Ereignisse. Objektivität und Unparteilichkeit in der Berichterstattung sind zentrale Grundwerte des Journalismus und unterscheiden ihn von anderen Bereichen öffentlicher Kommunikation wie PR, Werbung oder der Unterhaltung. Diese vermitteln zwar ebenfalls Informationen an ein Publikum, greifen dabei aber mitunter auch auf fiktionale Elemente zurück oder verdrehen die Wahrheit, um ihre Kommunikationsziele zu erreichen (vgl. Beck 2010: 140). Laut der letzten Journalistenbefragung „Journalismus in Deutschland" von 2005 sahen neun von zehn Journalisten ihre wesentliche Aufgabe darin, ihr Publikum neutral und präzise zu informieren, gefolgt von dem Anspruch, komplexe Sachverhalte verständlich zu erklären sowie Informationen möglichst schnell zu vermitteln (Weischenberg et al. 2006 b: 102ff.).

Die Medien wählen nicht nur aktuelle Informationen aus und berichten über sie. Sie tragen auch zur *Bildung* bei, indem sie den Bürgern beispielsweise politische Abläufe und Strukturen (Was macht der Bundestag und was wird in Brüssel entschieden? Usw.) erklären. Das gilt natürlich auch für politische Entscheidungen, die die Bürger unmittelbar betreffen (Was bedeutet eine Gesundheitsreform? Was tut man, wenn man arbeitslos wird?). Deshalb ist es auch sinnvoll und legitim, dass politische Akteure mit ihrer PR in der Berichterstattung mehr Platz eingeräumt bekommen als andere Organisationen.

Meinungsbildung

Durch Information und Bildung schafft der Journalismus eine wesentliche Voraussetzung für das Funktionieren einer demokratischen Gesellschaft. Der freie Zugang zu Informationen für alle Bürger sowie ein ungehinderter Austausch vielfältiger Meinungen im öffentlichen Diskurs garantieren erfolgreiche *Meinungsbildung.* Denn nur ein informierter Bürger ist in der Lage, sich eine Meinung zu bilden und eine qualifizierte Wahlentscheidung zu treffen.

Die Meinungsbildung durch Meinungsfreiheit ist durch Artikel 5 Grundgesetz geschützt. Meinungsfreiheit bezieht sich nicht nur auf einzelne Bürger, sondern auch auf Organisationen. Deshalb kann man Artikel 5 auch als grundlegende PR-Erlaubnis interpretieren.

Agenda Setting

Mit ihrer Themen- und Nachrichtenauswahl beeinflussen Medien auch, welche Themen die Bürger wichtig finden und diskutieren. Diese Agenda Setting-Funktion ist in Demokratien auch deshalb so wichtig, weil sich Politiker bevorzugt mit denjenigen Themen befassen, die auch ihre Bürger bzw. Wähler umtreiben. Damit hat die Medienberichterstattung Einfluss auf die Agenda der politischen Entscheidungsträger (→Kap. 9). Da nun aber unzählige PR-treibende Organisationen mit ihren Themen in die Medien drängen (Issues Management; →Kap. 3.5), fungiert der Journalismus gleichsam als Ringrichter im Kampf von Organisationen um öffentliche Aufmerksamkeit.

Integration und Sozialisation

Medien leisten außerdem einen Beitrag zur *Sozialisation* Heranwachsender und zur *Integration* gesellschaftlicher Gruppen, indem sie ihnen Wissen jenseits des eigenen Erfahrungs- und Interessenshorizonts zugänglich machen und sie auf diese Weise miteinander verbinden (Hanitzsch 2004: 220). Solange beispielsweise Muslime in der deutschen Medienberichterstattung überwiegend als Problemgruppe auftauchen, wird die Integration von Immigranten behindert. Es liegt auf der Hand, was das für das Issues Management muslimischer Verbände oder anderer politischer Akteure bedeuten sollte.

Kritik und Kontrolle

Damit sind wir bei der Kritik- und Kontrollfunktion des Journalismus. Die Medien als ‚vierte Gewalt' im Staat üben Kritik an Missständen, kontrollieren Vorgänge in Politik, Wirtschaft und Gesellschaft – so zumindest die normative Erwartung an sie in einer Demokratie. Hier wird das ambivalente Verhältnis zwischen PR-treibenden Organisationen und Massenmedien noch deutlicher: Journalisten verstehen sich nicht nur als objektive Berichterstatter, sondern auch als Kontrolleure. Dabei schießen sie mit ihrer Kritik durchaus auch einmal übers Ziel hinaus. In diesem Fall muss sich die PR gegen überzogene oder unzutreffende Kritik durch Journalisten wehren.

## 4.2 Nachrichtenauswahl und -produktion

Ebenen der Nachrichtenauswahl und -produktion

Wie wählen Journalisten Themen aus, welche Kanäle berücksichtigen sie dabei als Input, und von welchen Faktoren hängt ihre Nachrichtenauswahl ab? Stellen wir uns einen Journalisten auf der Suche nach aktuellen und relevanten Themen vor. Er sitzt in der Redaktion und wertet eingehende Meldungen der Nachrichtenagenturen, Pressemitteilungen, E-Mails oder Anrufe aus. Gleichzeitig wirft er immer wieder einen Blick auf die aktuellen Nachrichten in Konkurrenz- und Meinungsführermedien (spiegel.de, Tagesschau, Süddeutsche Zeitung, Bild-Zeitung), um hier ebenfalls neue Themen zu entdecken oder die eigene Berichterstattung mit der Konkurrenz abzugleichen (journalistische Ko-Orientierung). Gelegentlich besucht er auch Events, deren Themen oder Veranstalter er für nachrichtenrelevant hält, führt Interviews oder Hintergrundgespräche.

Ob und wie er über eines der Themen berichtet, die ihm im Lauf des Tages begegnen, hängt von Faktoren auf fünf Ebenen ab (nach

Shoemaker & Reese 1996; deutsche Begriffe nach Maier et al. 2010: 121):

1. der *Individualebene* des einzelnen Journalisten,
2. journalistischen *Routinen* in Redaktionen,
3. der *Organisationsebene* von Medieninstitutionen,
4. externen Einflüssen auf der *Extra-Media-Ebene* und
5. der *ideologischen bzw. gesellschaftlichen Ebene.*

1. Individuum

Auf der *Individualebene* geht es um persönliche Vorlieben, Interessen und Kompetenzen. Die Forschung hat sich intensiv mit der Frage befasst, ob die politische Einstellung von Journalisten zu einer politisch verzerrten Berichterstattung führt (News Bias), und konnte einige entsprechende Befunde zusammentragen (z.B. Kepplinger 1989; Lee 2008). Inwiefern individuelle Vorlieben oder persönliche Beziehungen zu einer größeren Aufgeschlossenheit gegenüber PR beitragen, wurde bislang kaum untersucht. Dennoch ist festzuhalten, dass die Nachrichtenauswahl in modernen Redaktionen selten durch einzelne, unabhängig entscheidende Journalisten erfolgt. Fast immer ist sie das Ergebnis einer intensiven Zusammenarbeit mehrerer Journalisten auf unterschiedlichen Hierarchieebenen (Redakteure, Ressortleiter, Chefredaktion). Damit sind individuelle Einflüsse begrenzt. Das bedeutet für Media Relations: Wenn es einem Pressesprecher gelingt, einen Redakteur für ein Thema zu begeistern, muss dieser in der Regel erst noch seinen Ressortleiter oder Chefredakteur von dem Thema überzeugen. Je größer der Beitrag werden soll, desto gründlicher werden sie ihn prüfen. Und je unauffälliger der Beitrag werden soll, desto eher werden sie ihn ‚einfach so' durchgehen lassen. Will ein Medienarbeiter also eine ‚große Geschichte' drehen, muss er mehrere Hürden überspringen.

2. Routinen

*Routinen* sind regelhafte Abläufe, die die individuelle journalistische Arbeit erleichtern und verbessern. Sie haben sich im Laufe der Ausdifferenzierung und Professionalisierung des Journalismus aus der Berufspraxis heraus entwickelt. Erst später wurden sie in Form von Praxisratgebern aufgeschrieben, in akademische Theorien gefasst und empirisch überprüft. Journalisten erlernen sie in der universitären Ausbildung (Medien-Studiengänge oder Journalistenschulen) und in der redaktionellen Praxis (als Praktikanten, Volontäre, Freelancer oder als neu eingestellte Redakteure). Man kann davon ausgehen, dass jeder Journalist diese Routinen kennt und – je nach Leistungsfähigkeit und Situation – anwendet. Die Routinen beziehen sich auf den *Prozess* der Nachrichtenentstehung und umfassen beispielsweise gängige Recherche-, Schreib- oder Interviewtechniken (vgl. z.B. Mast 2012). Andere befassen sich mit der Auswahl und Darstellung von Nachrichten*inhal-*

*ten*. Gängig sind hier Nachrichtenfaktoren, Kriterien für allgemeine Nachrichtenqualität und bestimmte Darstellungsformen. Für Letztere haben wir bereits ein Beispiel kennengelernt, nämlich die Regeln zum klassischen Nachrichtenaufbau (umgekehrte Pyramide usw., →Kap. 3.3). Journalistische Routinen zu kennen, ist auch für Medienarbeiter unerlässlich. Denn nur dann können sie ihre Pressemitteilungen und sonstigen Instrumente so gestalten, dass sie bei Journalisten auf Akzeptanz stoßen. Deshalb schauen wir uns im kommenden Kapitel zwei Routinen genauer an.

3. Organisationsebene

Die *Organisationsebene* bezieht sich auf Strukturen und Prozesse in der Zusammenarbeit innerhalb von Redaktionen und Medieninstitutionen. Typische Organisationsstrukturen sind die horizontale Gliederung in thematische Ressorts (Politik, Wirtschaft, Lokales, Sport, Kultur, Mobilität, Lifestyle) und die vertikale Gliederung in Hierarchieebenen von der Leitung eines Medienunternehmens (klassisch: dem Verleger) über den Chefredakteur als Vermittler zwischen Unternehmen und Redaktion bis hin zu einzelnen Redakteuren. Auf der Organisationsebene geht es beispielsweise auch um die Abstimmung zwischen Redakteuren, wer worüber in welcher Form recherchiert oder schreibt und wie die gesamte Ausgabe schließlich aussehen soll. Während im angelsächsischen Journalismus klassischerweise mehrere Journalisten an der Berichterstattung über ein Thema beteiligt sind (reporters, editors, columnists usw.), besorgt im deutschsprachigen Journalismus meist eine Person die gesamte Arbeit von der Nachricht bis hin zur Kommentierung. Das eröffnet der Pressearbeit natürlich gewisse Möglichkeiten, wenn man mit diesem Journalisten in gutem Kontakt steht.

Die systemtheoretische Forschung hat sich intensiv mit Strukturen und Prozessen in Redaktionen als journalistischen Systemen beschäftigt und dabei auch ergründet, wie die Systeme Journalismus und PR zusammenarbeiten (→Kap. 6.4). Auch der Intereffikationsansatz beschreibt, wie Routinen die Kooperation beider Berufe prägen (→Kap. 8.2). Lange galt die politische Richtung einer Zeitung, die sog. Blattlinie, als eine wesentliche publizistische Eigenschaft auf der Organisationsebene (Maier et al. 2010: 121). Doch publizistische Charakteristika scheinen beim gegenwärtigen ökonomischen Druck an Bedeutung zu verlieren. Nur noch wenige Medien können oder wollen sich eine klare politische Richtung leisten, wenn sie damit mögliche Leser oder gar Anzeigenkunden abschrecken. Gleichzeitig haben Anzeigenabteilungen bzw. Werbevermarkter an Bedeutung gewonnen. Diese verkaufen Werbezeiten bzw. -flächen an Werbekunden und realisieren damit einen wachsenden Teil der Erlöse. Wir werden in Kap. 5.3 sehen, dass sich dieser Bereich zunehmend mit der Pressearbeit vermischt.

4. Extra-Media-Ebene

Damit ist auch schon die *Extra-Media-Ebene* angesprochen, denn hier geht es um Verflechtungen zwischen Medienunternehmen und anderen Organisationen. Diese sind entweder ökonomischer Natur, etwa wenn ein Verlag andere Medientitel, Druckhäuser oder Anteile an anderen Verlagen kauft (Medienkonzentration) oder wenn eine politische Partei Anteilseigner eines Zeitungsverlags ist.[10] Solche Verflechtungen dienen in erster Linie ökonomischen Zwecken, hauptsächlich werden Einsparungen durch Skaleneffekte angestrebt. Dennoch sind auch immer publizistische Beeinflussungen zu befürchten. Neben offiziellen, ökonomischen Verflechtungen gibt es häufig auch inoffizielle persönliche Verbindungen, persönliche Abhängigkeiten und Lobby-Einflüsse, die die Medienberichterstattung prägen. Sie bleiben meist im Verborgenen und sind für die Öffentlichkeit schwer nachzuvollziehen.[11] Ein Beispiel für eine anfangs heimliche Zusammenarbeit, die später zusammenbrach, ist die Beziehung zwischen dem ehemaligen Bundespräsidenten Christian Wulff und der Bild-Zeitung. Der Konflikt mündete in einen wütenden Anruf des Politikers bei Bild-Chefredakteur Kai Diekmann, den dieser prompt in die Öffentlichkeit trug, womit er Wulff wohl endgültig um sein Amt brachte.

5. Ideologische/ gesellschaftliche Ebene

Mit diesem Beispiel haben wir bereits die ideologische bzw. gesellschaftliche Ebene erreicht. Hier geht es um das gesellschaftliche System und das Mediensystem, innerhalb dessen Journalismus wirkt. Der geschilderte Kampf zwischen einem Bundespräsidenten und einem Medium ist nur in einer rechtstaatlichen Demokratie möglich, in der weitgehende Presse- und Meinungsfreiheit gewährleistet sind. Nur hier können Massenmedien ihre Kritik- und Kontrollfunktion als ‚vierte Gewalt' in vollem Umfang ausüben. Das wirkt sich natürlich auch auf das Verhältnis zwischen Journalismus und PR aus. Denn die PR, gleich ob sie für Regierungsstellen, Behörden, Wirtschaftsunternehmen, Verbände oder NGOs tätig wird, kann Medien zu nichts zwingen, sie kann lediglich öffentlichen oder ökonomischen Druck ausüben. In Ländern, in denen der staatliche Einfluss auf Medien stärker ist, haben staatliche Pressestellen hingegen im Extremfall ‚freien Durchgriff' auf die Medienberichterstattung.

10 Die SPD ist über ihre Medienholding ddvg mit 20,4 Prozent an der Madsack Gruppe beteiligt, die ihrerseits 100 Prozent der Leipziger Volkszeitung hält. Interessanterweise merkt man das der Zeitung nicht an.

11 Umso wichtiger ist die Arbeit von Initiativen wie Transparency International (transparency.org) oder LobbyControl (lobbycontrol.de).

Dieser kursorische Überblick zur journalistischen Nachrichtenauswahl und -produktion vermittelt einen ersten Eindruck von den zahllosen Ansatzpunkten für Medienarbeit und unterstreicht, wie komplex das Verhältnis von PR und Journalismus ist.

### 4.3 Nachrichtenroutinen im Fokus: Nachrichtenfaktoren und Qualität

Nachrichtenwerttheorie

Die wichtigste Routine der Nachrichtenauswahl beschreibt die *Nachrichtenwerttheorie.*[12] Sie geht auf den US-Journalisten Walter Lippmann zurück. Dieser stellte bereits 1922 fest, dass die Realität zu komplex sei, um sie vollständig abzubilden, und man deshalb im Journalismus – wie überall anders auch – Regeln der Vereinfachung und der Auswahl brauche. Die Vereinfachungsregeln nannte er *Stereotypen;* die Auswahlregeln *news values* (dt. Nachrichtenwert). Der Nachrichtenwert beschreibt die Publikationswürdigkeit einer Nachricht. Er ergibt sich aus der Summe der Nachrichtenfaktoren, die in einer Nachricht angesprochen werden. In den letzten Jahrzehnten sind zahlreiche – mehr oder weniger ähnliche – Listen mit Nachrichtenfaktoren entstanden. Infobox 1 zeigt beispielhaft einen Katalog nach Schulz (1990).

**Begriffe**

**Infobox 1: Nachrichtenfaktoren nach Schulz (1990)**

- **Zeit:** Dauer des Ereignisses, Thematisierung (Kontinuität)
- **Nähe:** räumliche Nähe (geographische Entfernung), politische Nähe, kulturelle Nähe (Sprache, Religion, Wissenschaft), Relevanz (Betroffenheit)
- **Status:** regionale Zentralität, nationale Zentralität, persönlicher Einfluss (bei politischen Themen) / Prominenz (bei unpolitischen Themen)
- **Dynamik:** Überraschung, Struktur (Komplexität bzw. Eindeutigkeit)
- **Valenz:** Konflikt (Politik), Kriminalität, Schaden, Erfolg
- **Identifikation:** Personalisierung, Ethnozentrismus (Bezug zum Land, in dem das Medium angesiedelt ist)

Nachrichtenfaktoren beeinflussen nicht nur, ob die Medien über ein Ereignis oder Thema berichten oder nicht, sondern auch, wie prominent und auffällig sie es platzieren (z.B. als Aufmacher) und wie umfassend sie es darstellen (Beitragsumfang). Nachrichtenfaktoren prägen auch die innere Struktur einer Meldung: Journalisten neigen auch dazu, die Bestandteile einer Nachricht mit hohem Nachrichtenwert

12 In der Konzepte-Reihe gibt es eine empfehlenswerte Einführung in die Nachrichtenwerttheorie und andere Ansätze der Nachrichtenentstehung von Maier et al. (2010).

innerhalb eines Beitrags zu betonen (Verzerrungshypothese, vgl. Galtung & Ruge 1974). Wenn beispielsweise bei einer konstruktiven Verhandlung zwischen zwei Parteien an einer Stelle ein kleiner Konflikt ausbricht, wird dieser in der Berichterstattung überproportional Aufmerksamkeit bekommen. Ein letzter, für die PR zentraler Punkt: Der beschriebene Einfluss der Nachrichtenfaktoren auf die Auswahl und Verzerrung findet auf allen Stufen der Nachrichtenproduktion statt (Wiederholungshypothese, ebd). Das heißt: Wenn die PR eine Pressemitteilung mit Nachrichtenfaktoren gewürzt an einen Redakteur schickt, und dieser möchte sie in gekürzter Form übernehmen, wird er die Aussagen mit Nachrichtenfaktoren darin belassen oder sogar hervorheben und andere Aussagen herauskürzen. Findet nun sein Ressortleiter oder Chefredakteur den Beitrag immer noch zu lang oder nicht ‚knackig' genug, werden wieder Inhalte ohne Nachrichtenfaktoren seinen Straffungsvorschlägen zum Opfer fallen.

Wie sich Nachrichtenfaktoren in Pressemitteilungen auf deren Verwendung durch Journalisten auswirken, ist Gegenstand der Determinationsforschung (→Kap. 7).

Nachrichtenqualität

Jeder Berufstätige ist bestrebt, professionelle Arbeit abzuliefern. Für Nachrichten-Journalisten bedeutet das, Beiträge zu produzieren, die allgemeinen Qualitätserwartungen entsprechen. Doch wer bestimmt, was Qualität ist (vgl. Jungnickel 2011)?

Da ist zunächst das Publikum. Jeder Rezipient hat eine mehr oder weniger konkrete Vorstellung davon, was ein qualitätsvoller Zeitungsartikel, TV- oder Online-Beitrag ist. Allerdings zeigt sich immer wieder, dass die Qualitätswahrnehmung von Rezipienten (*Nutzerqualität*) eher schwach mit ihrer Nutzung von Medienangeboten korreliert. Auf der anderen Seite stehen *normative Qualitätskriterien*, die Kommunikationswissenschaftler, Journalismus-Ausbilder und renommierte Journalisten aus den gesellschaftlichen Funktionen des Journalismus ableiten. Abbildung 4 gibt einen selbsterklärenden Überblick über die Dimensionen der normativen Nachrichtenqualität. Darunter finden sich auch die bereits in Kap. 3.4 angesprochenen W-Fragen. Diese Qualitätskriterien bilden die Standards der Branche.

**Modell**

Abbildung 4: Dimensionen der Nachrichtenqualität (Jungnickel 2011: 362)

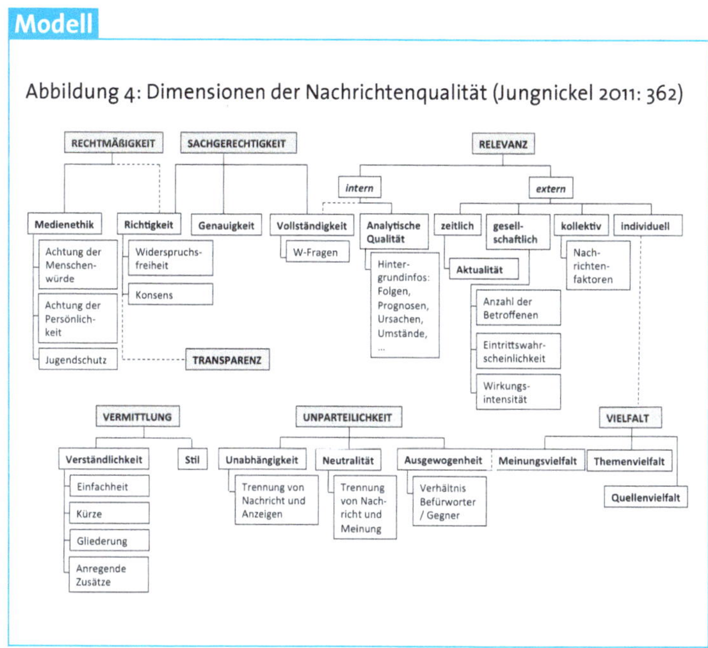


Die Konsequenz für die PR liegt auch hier auf der Hand: Je höher die Nachrichtenqualität von Pressemitteilungen und anderen PR-Materialien ist, desto eher werden sie von Journalisten aufgegriffen und desto wahrscheinlicher ist eine unveränderte oder nur gering überarbeitete Übernahme in die Medienberichterstattung. Natürlich geht es im Journalismus nicht immer um Nachrichten, sondern auch um fachliche Inhalte, unterhaltende Formate usw. Hier gelten zum Teil andere Qualitätskriterien, an denen sich PR-Schaffende zu orientieren haben.

# 5. PR und Journalismus – Ideale und Praxis einer schwierigen Beziehung

## 5.1 Aufgaben, Kompetenzen und Bildungswege – Ähnlichkeiten und Unterschiede

Journalisten und Medienarbeiter sind nicht nur aufeinander angewiesen, sie erarbeiten gemeinsam ein Produkt, nämlich Nachrichten. Auch wenn beide Berufe unter unterschiedlichen Vorzeichen agieren, bringen sie deshalb doch teilweise ähnliche Aufgaben und Berufsprofile mit sich (Tabelle 2).

Tabelle 2: Vergleich Journalismus – Public Relations (in Anlehnung an Riesmeyer 2007: 23)

| | **Journalismus** | **Public Relations** |
|---|---|---|
| Gesellschaftliche Funktionen | Information, Bildung & Unterhaltung<br>Kritik & Kontrolle<br>Arena öffentlicher Diskurse | Information der Öffentlichkeit<br>Beteiligung am öffentlichen Diskursen und Vertreten von Interessen |
| Auftraggeber | Öffentlichkeit, Publikum, Medieninstitutionen | beauftragende Organisation: Unternehmen, Institutionen, Verbände |
| Zielgruppen | (Fach-)Öffentlichkeit, Publikum | Öffentlichkeit, Teilöffentlichkeiten/Anspruchsgruppen, z.B. Konsumenten, Investoren, Betroffene, Fachvertreter |
| Kommunikationsziele | Informationsvermittlung, Agenda Setting | Informationsvermittlung, Agenda Setting/Issues Management, Persuasion, Konfliktlösung |
| Prozesse/ Tätigkeiten | Beschaffen, Prüfen, Auswählen, Produzieren & Veröffentlichen von Informationen | Beschaffen, Prüfen, Auswählen, Produzieren & Veröffentlichen von Informationen in Abstimmung mit Organisation<br>Organisieren und Führen öffentlicher Diskurse und nicht-öffentlicher Dialoge mit Anspruchsgruppen |
| Kommunikationspfade | direkt zum Publikum und überwiegend einseitig | Media Relations: via Massenmedien indirekt und einseitig zu Anspruchsgruppen<br>sonstige Public Relations: direkt zu Anspruchsgruppen, einseitig oder dialogisch |

Kompetenzen

Deshalb erfordern beide Berufe ähnliche Kompetenzen, die man nach Szyszka (1995) in Fach-, Sach- und Realisierungskompetenzen aufgliedern kann.

*Fachkompetenz*: Sowohl Journalisten als auch Presseverantwortliche brauchen Kenntnisse der behandelten Themenfelder und Akteure. Diese müssen nicht allzu tief gehen, da die produzierten Inhalte zielgruppenadäquat und allgemein verständlich sein sollen. Das gilt zumindest für den Nachrichten- und Magazinjournalismus. Fachjournalismus und -PR (z.B. Branchen- oder Fachzeitschriften) dagegen wenden sich an ein Experten- bzw. Fachpublikum; hier sind die Anforderungen an die Fachkompetenz höher (vgl. Bentele 2006).

*Die Sachkompetenz* bezieht sich auf die Beherrschung journalistischer Routinen (→Kap. 4.3) und zielgruppenadäquate Aufbereitung und Darstellung der Inhalte. Bei Publikumsmedien liegt die Herausforderung darin, die Inhalte so einfach und publikumsattraktiv wie möglich darzustellen. Zur Sachkompetenz gehört sowohl im Journalismus als auch in der PR das Gespür dafür, welche Themen und Inhalte sich für welche Medien und Publika eignen. So wird man beispielsweise in einer Wissenschaftssendung wie Galileo niemals die Quantentheorie erklären können. Deshalb wäre es ein Zeichnen mangelnder Sachkompetenz, wenn der PR-Verantwortliche eines Hightech-Unternehmens eine Pressemitteilung über eine komplexe Technologieentwicklung an Zeitungsredaktionen schickt, da diese ohnehin nicht darüber berichten.

Als *Realisierungskompetenz* lassen sich alle Aufgaben hinsichtlich Produktion und Organisation von Medienprodukten zusammenfassen. Hier unterscheiden sich Journalismus und PR am deutlichsten. Während beim Journalismus die Arbeit in der Redaktion im Vordergrund steht, liegen die Herausforderungen für Presseverantwortliche hauptsächlich in der erfolgreichen Zusammenarbeit mit Journalisten einerseits und den Zuständigen innerhalb der eigenen Organisation (→ Kap. 3.2).

Viele PR-Schaffende sind neben der Pressearbeit auch für organisationseigene Kommunikationskanäle zuständig. Hier sind vor allem Corporate Media zu nennen, also Kunden-, Mitglieder- oder Mitarbeitermagazine, Unternehmens-Fernsehen, Broschüren, Unternehmens-Websites oder Themen-Portale. Die bekanntesten Beispiele sind ADAC Motorwelt, die Apothekenumschau und DB mobil. Diese Magazine erscheinen wie journalistische Medien und werden redaktionell erarbeitet. Dennoch handelt es sich um PR-Instrumente, denn sie dienen letztlich Organisationsinteressen.

Bildungswege

Journalisten und PR-Schaffende weisen ähnliche Bildungshintergründe auf: Eine Befragung unter Pressesprechern, also PR-Praktikern in Organisationen (damit keine Mitarbeiter in PR-Agenturen) ergab, dass dort mit 90 Prozent Hochschulabsolventen weit überwiegend Akademiker tätig sind (Bentele et al. 2012). Damit ist der Akademisierungsgrad unter PR-Praktikern etwa so hoch wie unter Journalisten. Auch bei den absolvierten Studiengängen gibt es Überschneidungen: Viele PR-Schaffende und Journalisten haben Kommunikationswissenschaft oder Journalistik studiert. Dennoch dominieren in beiden Feldern Quereinsteiger, also Absolventen anderer Fächer – vor allem aus dem sozial-, geistes- und wirtschaftswissenschaftlichen Bereich. Die Mehrheit der befragten Pressesprecher war vorher bereits in einem anderen Beruf tätig. Hier führt der Journalismus als Ursprungsberuf (gefolgt von Marketing und Wissenschaft). Umgekehrt gehen nur wenige PR-Praktiker den Weg in den Journalismus. Häufig zu finden sind jedoch Freiberufler, die gleichermaßen als Journalisten für Medien und als PR-Schaffende für Organisationen arbeiten.

## 5.2 Gegenseitige Wahrnehmung

Dass viele Journalisten den Weg in die PR schaffen, aber nur wenige PR-Praktiker in die Gegenrichtung gehen, weist auf eine durchaus problembeladene Beziehung zwischen beiden Professionen hin.

Wie nehmen Journalisten PR wahr?

Tatsächlich existiert eine Schieflage in der Wahrnehmung des eigenen und jeweils anderen Berufs: Während sich Journalisten als gesamtgesellschaftliche Funktionsträger, vierte Gewalt im Staat und als moralische Instanz betrachten, gelten ihnen PR-Leute als Vertreter von Partikularinteressen. Sie werden gar als ‚Söldner' wahrgenommen, denn in der Regel vertreten PR-Leute ja nicht ihre eigenen Interessen, sondern die Interessen der Auftrags- bzw. Arbeitgeber. Dieses negative Bild wird zusätzlich von öffentlichen Debatten um die Frage geprägt, ob PR lügen können muss oder ob es reicht, die Wahrheit zu verschweigen.[13] Es passt ins Bild, dass Journalisten ihren Beruf als statushöher einschätzen als den PR-Beruf (z.B. Cameron et al. 1997: 115).

Entsprechend kritisieren sie auch die „mangelnde moralische Verbindlichkeit – Ehrlichkeit, Offenheit oder Glaubwürdigkeit" von PR-Leuten (Bentele et al. 2009: 100). Das trifft auch Öffentlichkeitsarbeiter, die vorher selbst im Journalismus gearbeitet haben: In einem Experiment in den USA sollten n=159 Journalisten und PR-Praktiker eine Person hinsichtlich ihrer Vertrauenswürdigkeit, Kompetenz und Ähnlichkeit beurteilen. In einer Version wurde diese Person als erfahrender PR-Praktiker dargestellt, in einer anderen als PR-Praktiker mit professionellem journalistischen Hintergrund. Die Journalisten schätzten die Person mit journalistischem Background als kompetenter und ihnen

13 Diese hauptsächlich von Klaus Merten geführte Debatte erreichte einiges öffentliche Interesse, z.B. in Spiegel Online vom 24.10.2008: Public Relations. Lizenz zum Täuschen; online unter http://www.spiegel.de/wirtschaft/public-relations-lizenz-zum-taeuschen-a-584750.html (15.06.2012).

selbst ähnlicher ein, nicht jedoch als vertrauenswürdiger (Sinaga & Callison 2008).

Das ‚moralische Misstrauen' schlägt sich auch in der journalistischen Berichterstattung über PR und das Verhältnis zwischen PR und Journalismus nieder. Dort dominieren negative Aspekte, wie z.B. moralische Fragen (Fröhlich & Kerl 2012). DeLorme & Fedler (2003) überschrieben eine historische Inhaltsanalyse des PR-Bildes in der Presse gar mit dem Titel „Journalists' hostility toward public relations". Eine Inhaltsanalyse von n=100 Beiträgen in US-Publikumsmedien offenbarte schließlich, dass der Begriff „PR" dort nur in fünf Prozent korrekt gebraucht wurde. Meist fiel er im Zusammenhang mit negativen Kommunikationsaspekten (Henderson 1998).

Auch an der Professionalität der PR wird gelegentlich Kritik laut. In einer US-Journalistenbefragung (n=107) meinten 74 Prozent, PR-Leuten würde ein Gespür für Nachrichten, Werte, Genauigkeit, Pünktlichkeit und deren Darstellung fehlen (Sallot & Johnson 2006). Diese Kritik kann man sicherlich auch auf Deutschland übertragen, wo gerade einmal 21 Prozent der PR-Praktiker einen medienbezogenen Studiengang absolviert haben (Bentele et al. 2009: 60). Fallbeispiel 1 demonstriert, wie sich Journalisten gegen mangelnde PR-Professionalität wehren können.

Entsprechend reden die meisten Journalisten den Einfluss der PR auf ihre Berichterstattung eher klein. Zu sehr sehen sie ihre journalistische Autonomie und ihr berufliches Selbstbild bedroht. Das schlägt sich auch in Studien nieder, in denen befragte Journalisten meist geringe PR-Einflüsse zugeben. In der letzten repräsentativen Journalistenbefragung „Journalismus in Deutschland 2005" etwa sagten lediglich 16,5 Prozent der Befragten, die Öffentlichkeitsarbeit habe einen „eher großen" oder „sehr großen" Einfluss auf ihre eigene Arbeit (Weischenberg et al. 2006 a: 358). Nach dem Einfluss von Gesellschaftsgruppen gefragt, die ja wiederum häufig von PR-Praktikern vertreten werden, ergaben sich noch geringere Werte. Der stärkste Einfluss wurde ‚Unternehmen und Wirtschaftsverbänden', (10,1 Prozent) und ‚Sportverbänden' (5,8 Prozent) sowie ‚politischen Parteien' (3,0 Prozent; alle auf derselben Skala) attestiert.

In letzter Zeit finden sich internationale und deutsche Studien, in denen Journalisten überraschend starke PR-Einflüsse zum Ausdruck bringen. Ob die spezifischen Studiendesigns oder Stichproben für die Ergebnisse verantwortlich sind oder ob man hier Hinweise auf einen steigenden PR-Einfluss ausmachen kann, muss zunächst offen bleiben (→Kap. 5.3).

## Fallbeispiele

### Fallbeispiel 1: werben & verkaufen rächt sich an Carmen Nebel

Das Branchenmagazin *werben & verkaufen* veröffentlicht auf seiner Facebook-Seite den Screenshot einer allzu unprofessionellen und penetranten Pressemitteilung.

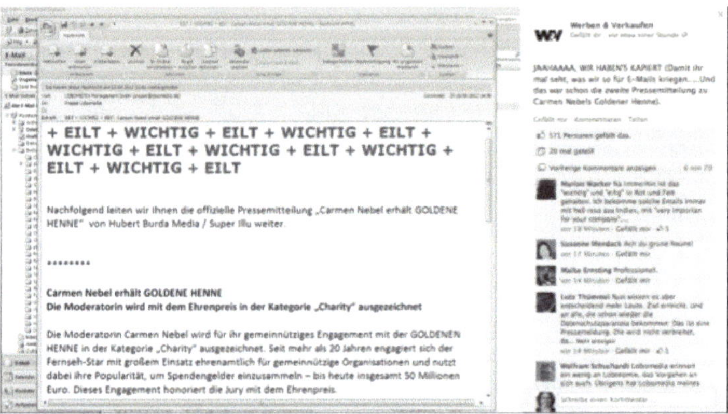


*Quelle: http://www.facebook.com/WuV (18.09.2012)*

In einer US-Studie von Sallot & Johnson (2006) meinte ein Drittel der befragten Journalisten (n=107), dass 60 bis 100 Prozent der US-Nachrichten unter PR-Einfluss zustande kommen. Diese Aussage bezieht sich allerdings nicht auf die eigene Beeinflussbarkeit, sondern auf den Journalismus allgemein; hier könnte also ein Third-Person-Effekt vorliegen.[14]

In einer internationalen Online-Befragung sollten n=613 Journalisten in 16 Ländern ihre Recherchequellen beschreiben (Oriella_PR-Network 2012). Die Studie wurde von einem PR-Netzwerk durchgeführt, weshalb die Stichprobe vermutlich in Richtung PR-freundliche Journalisten verzerrt ist. Nach der ersten Anlaufstelle bei der Suche nach neuen Themen/Geschichten gefragt, gaben die Journalisten dennoch bemerkenswerte Antworten: 22 Prozent nannten Pressesprecher als erste Anlaufstelle, gefolgt von den Newstickern von Nachrichtenagenturen wie dpa, DAPD, AP oder Reuters (zwölf Prozent) und Pressemitteilungen (elf Prozent) – letztere gleichauf mit anderen Medien.

14 Der Third-Person-Effekt nach Davison (1983) besagt, dass Befragte unerwünschte Umwelt- bzw. Medieneinflüsse auf andere höher einschätzen als auf sich selbst.

Unternehmens-Websites, Social Media und Blogs wurden nur von wenigen als erste Inspirationsquelle genannt. Die Teilnehmer sollten ferner ihre Quellen für die Recherche und Verifizierung von Fakten nennen. Hier nannten die meisten, knapp zwei Drittel, „Gespräche mit Insidern", unter denen natürlich auch wieder PR-Leute vertreten sein können. Es folgten Nachrichtenagenturen, Ankündigungen und Kommentare von Unternehmen, also Pressemitteilungen und -konferenzen sowie Input von PR-Agenturen (alle über 50 Prozent). Ca. 40 Prozent der Befragten nutzen zudem Blogs und Social Media-Updates von glaubwürdigen Quellen.

2012 schließlich gaben in einer Befragung unter n=100 nordbayerischen Journalisten 90 Prozent an, Pressemitteilungen allgemein bei ihrer Arbeit zu nutzen. Diese Befragten wiederum schätzen den Anteil von Nachrichten, deren Themen oder Ereignisse auf Pressemitteilungen basieren, auf durchschnittlich 36 Prozent (Hönisch 2012). Dieser Wert erklärt sich wohl auch durch den hohen Anteil von Lokaljournalisten in der Stichprobe, wo der PR-Einfluss bekanntermaßen groß ist (→Kap. 7.3).

Wie nehmen PR-Praktiker Journalisten wahr?

Während sich Journalisten PR-Praktikern gegenüber moralisch überlegen fühlen, Kritik an ihrer Professionalität äußern und nur ungern Einflüsse zugeben, fällt der umgekehrte Blick freundlicher aus. PR-Leute weisen eine tendenziell positive Einstellung gegenüber Journalisten auf und betrachten beide Berufe als statusgleich (Cameron et al. 1997: 115). Allerdings sind Befragungen unter PR-Praktikern zu ihrer Sicht auf den Journalismus rar – im Gegensatz zu Journalistenbefragungen über deren PR-Wahrnehmung und einigen wenigen Studien, die den wechselseitigen Blick beider Berufsgruppen erhoben haben (vgl. z.B. eine Befragung unter PR- und Journalismus-Ausbildern mit interessanten Ergebnissen, Shaw & White 2004).

Die Ambivalenz des Verhältnisses zwischen PR und Journalismus unterstreichen zwei Zitate: Während Merten (2004: 20) von einer „intimvertrauensvolle[n] Interaktion zwischen Journalisten und PR-Fachleuten" spricht, ist bei Broom (2008: 271) die Rede von „adversarial – sometimes even hostile – feelings (...) between practicioners and journalists".

### 5.3 Machtverschiebungen

Machtverhältnisse zwischen PR-Akteuren und Medien

Dass Unternehmen, politische Akteure und andere Gruppen die Medienberichterstattung im Kampf um Interessen zu beeinflussen versuchen, ist aus demokratietheoretischer Sicht sinnvoll und funktional (→Kap. 3.2). Überhaupt ist der Journalismus auf die Zulieferung von Ideen und Inhalten durch Dritte angewiesen (→Kap. 4.2). Problematisch wird es aus gesellschaftlicher Sicht aber dann, wenn manche Akteure im Meinungsstreit über mehr Geld, Macht, Einfluss oder sonstige Ressourcen verfügen als andere. Denn dann ist die demokratische Grundannahme verletzt, dass sich in der öffentlichen Auseinandersetzung nicht der bislang Mächtigere, sondern das bessere Argument durchsetzt. Leider ist die Geschichte der Demokratie voll mit Beispielen, in denen diese Hoffnung enttäuscht wurde (siehe Fallbeispiel 2).

**Fallbeispiele**

**Fallbeispiel 2: Politischer Missbrauch von Footage**

192 Radiostationen in Deutschland bekamen 2007 von einer PR-Agentur sendefertige Beiträge zum Thema Elterngeld mit Statements Betroffener und O-Tönen von Ministerin Ursula von der Leyen angeboten. 68 Radiosender sendeten das Material. Wie das ARD-Magazin „Report Mainz“ aufdeckte, hatte das Bundesfamilienministerium die Agentur beauftragt und finanziert.

*Quelle: Schnedler (2008: 12)*

Aus journalistischer Sicht ist ein zweiter Aspekt noch bedeutsamer: Es ist völlig legitim, dass Organisationen versuchen, ihre Themen und Positionen mittels PR in den Medien zu platzieren – solange Journalisten unabhängig und autonom über die Veröffentlichung entscheiden können. Anders formuliert: Solange Journalisten unangefochtene und neutrale Schiedsrichter im Meinungskampf bleiben, sind Machtunterschiede zwischen den Akteuren zu akzeptieren. Die demokratische Meinungsbildung ist allerdings ernsthaft bedroht, wenn sowohl deutliche Machtunterschiede zwischen Akteuren auftreten als auch bestimmte Akteure Macht über Journalisten gewinnen, sodass sie sich den Zugang zur Medienberichterstattung erzwingen oder anderweitig beschaffen können (Abbildung 5).

Nun können sich Akteure ihren Medienzugang nur selten erzwingen, so wie Staatslenker zur besten Sendezeit eine Fernsehrede an die Nation halten. Die Versuche PR-treibender Akteure, sich einen Medienzugang zu verschaffen bzw. zu kaufen, sind meistens weniger offensichtlich, aber häufig erfolgreich. Deshalb gilt: Über je weniger Ressourcen Nachrichtenmedien verfügen (Geld, Personal, abonnierte Nachrichtenagenturen usw.) und je mehr Ressourcen PR-Akteure haben, desto stärker ist die Autonomie des Journalismus gefährdet (vgl. z.B. Wehmeier 2004: 204).

Modell

Abbildung 5: Machtverhältnisse zwischen PR-Akteuren und Medien

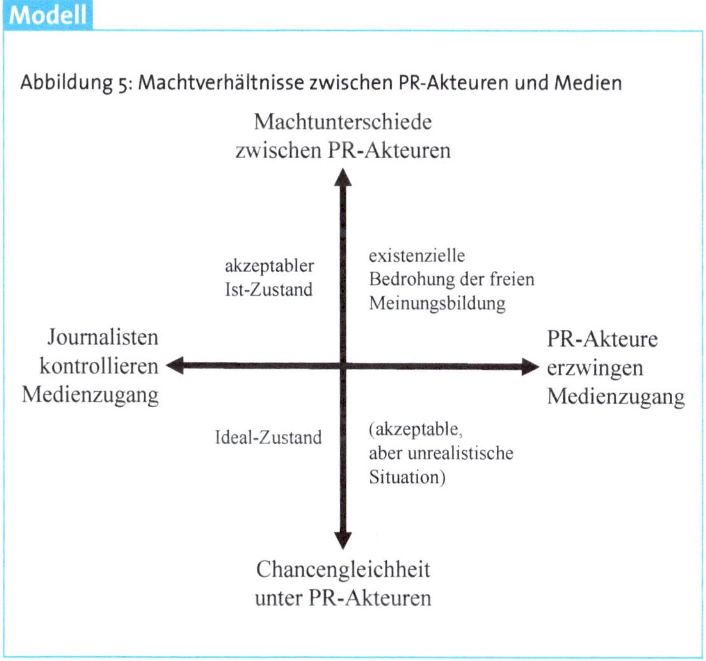


Ökonomische Machtverschiebungen

Genau hier liegt der Knackpunkt: Journalistische Nachrichtenangebote leiden unter sinkenden Einnahmen. Dafür gibt es drei Gründe: Erstens sinken seit Jahren die Auflagen von Zeitungen und Zeitschriften.[15] Das führt nicht nur zu Einnahmerückgängen auf dem Lesermarkt, sondern auch zu geringeren Werbeeinnahmen: Je weniger Rezipienten ein Werbeträgermedium erreicht, desto weniger Geld bezahlen Werbetreibende für ihre Anzeigen. Zweitens steigen zwar die Reichweiten von Online-Medien. Allerdings sind Bürger bislang kaum bereit, für Online-Nachrichten Geld zu bezahlen, zumal andere Kosten (z.B. Handy-, Internet-Provider) hinzugekommen sind und sich im Internet generell eine Kostenlos-Kultur entwickelt hat. Insgesamt steigen die Online-Werbeeinnahmen natürlich trotzdem. Doch diese landen häufig bei Google (inklusive YouTube) oder Facebook und nur teilweise bei etablierten Nachrichtenanbietern. Der dritte Grund für sinkende Verlagseinnahmen liegt im – durchaus selbstverschuldeten – Zusammenbruch der Kleinanzeigenmärkte (Vermietungen, Immobilien, Kontakt- und Stellenanzeigen, Kfz-Markt und Todesanzeigen). Diese sind fast vollständig zu Online-Anbietern wie eBay, mobile.de, monster.de oder Scout24.de abgewandert.

15 Vgl. z.B. ard.de/intern/medienbasisdaten (25.05.2012).

Folgen für Journalismus und PR

Um zu sparen, wurden viele Nachrichtenredaktionen verkleinert. 2012 berichteten in einer internationalen Journalistenbefragung 60 Prozent der Teilnehmer aus Nordamerika (USA und Kanada) von einem Personalabbau in ihrer Redaktion; in den EU-Ländern waren die Ergebnisse kaum erfreulicher (Oriella_PR-Network 2012). Der redaktionelle Umfang der Medienprodukte und die Anzahl der Beiträge sanken weniger. Schnedler (2008: 16) beschreibt die Folgen: „Die Zeit für Recherche wird knapper, Rationalisierung ist das Gebot der Stunde. Die Arbeit wird auf immer weniger Schultern verteilt, die Redaktionen werden ausgedünnt, die Zahl der Festanstellungen schmilzt. Viele Redaktionen lassen einen Großteil der Arbeit von freien Mitarbeitern erledigen, die aber oft extrem schlecht bezahlt werden. Damit forcieren sie die Vermengung von PR und Journalismus, weil viele Freie sich Verdienstmöglichkeiten in der Öffentlichkeitsarbeit suchen."

Auf der anderen Seite steigt die Anzahl der PR-Leute. Gab es früher in Deutschland weit mehr Journalisten als PR-Tätige, hat sich das Verhältnis mittlerweile umgekehrt. 2006 versorgten 30.000 bis 50.000 PR-Mitarbeiter (DPRG-Schätzung) ca. 48.000 hauptberufliche Journalisten mit Informationen (Weischenberg et al. 2006 a: 349). In den USA ist die Entwicklung weiter: Dort standen bereits zu Beginn der 1990er-Jahre den ca. 120.000 Journalisten mehr als 160.000 PR-Praktiker gegenüber; um das Jahr 2000 waren es sogar mehr als 200.000 Öffentlichkeitsarbeiter bei leicht sinkenden Journalistenzahlen (Goepfert 2003).

Doch das ist noch nicht das Ende der Geschichte. Ruß-Mohl (2000): „Noch größer wird das Gefälle zwischen PR und Journalismus, wenn man Ausbildungsniveau, Berufserfahrung und Gehälter miteinander vergleicht. Oft wechseln ja gerade erfahrene Journalisten in die PR-Branche über." Die Konsequenz: „Die erstarkende PR-Industrie trifft auf einen schwächelnden Journalismus" (Schnedler 2008: 16). Ruß-Mohl (2000) formuliert es noch drastischer: „PR-Aufrüstung vs. leere Redaktionsstuben".

Die Konsequenzen dieser Verschiebungen liegen auf der Hand: Der Anteil der Recherche an der journalistischen Gesamtarbeitszeit sinkt. Während Journalisten 1993 noch 140 Minuten pro Tag recherchiert haben (Selbstauskunft), waren es 2005 nur noch 117 Minuten (Weischenberg et al. 2006 a: 354). Damit steigt nicht nur der Übernahmeanteil fertig gelieferter Nachrichtenbeiträge von Nachrichtenagenturen, sondern auch von PR-Material.

Abhängigkeit von Nachrichtenagenturen

Nachrichtenagenturen sind deshalb so wichtig, weil sie von fast allen Medienangeboten abonniert werden und ihre Beiträge als glaubwürdig gelten. Besonders die dpa liefert deutschen Medien Basisnachrichten, die diese dann mehr oder weniger überarbeitet in ihr redaktionelles Angebot übernehmen. Je weniger Journalisten und damit Ressourcen und Kompetenzen die Redaktion eines Mediums hat, desto wichtiger sind Agenturmeldungen. Das geht so weit, dass manche Regionalzeitungen zumindest in der überregionalen und internationalen Berichterstattung fast nur noch aus Agenturmaterial bestehen. Hatten die meisten deutschen Zeitungsredaktionen neben der dpa meist noch zwei oder drei andere Nachrichtenagenturen abonniert, werden in letzter Zeit auch diese Abonnements Opfer von Einsparungsmaßnahmen. Somit tritt auch hier eine besorgniserregende Konzentration ein.

Aus PR-Sicht ist es besonders nützlich, eine Pressemitteilung im regulären Newsticker einer Nachrichtenagentur, im Idealfall der dpa, unterzubekommen: Denn eine Meldung im dpa-Basisdienst wird üblicherweise von Dutzenden Nachrichtenmedien wortgleich übernommen (→Kap. 7.1).

Online-Presseservices

Beinahe alle Nachrichtenagenturen haben aus ihrer Bedeutung als Nachrichten-Intermediär (Vermittler) ein Geschäftsmodell entwickelt. Beispielsweise gründete die dpa das Tochterunternehmen news aktuell (newsaktuell.de), das sich als Originaltextservice (ots) auf die Verbreitung von Pressemitteilungen an Nachrichtenredaktionen spezialisiert hat. Der Clou: Bei den Redaktionen kommen die Pressemitteilungen im gemeinsamen Newsticker mit den ‚echten' Agenturnachrichten an; sie sind lediglich als PR-Texte markiert. Für diesen Service verlangt news aktuell einen dreistelligen Eurobetrag pro Pressemitteilung. Neben kostenpflichtigen Verbreitungsangeboten existieren auch kostenlose Online-Presseservices. Hier können Organisationen ihre Pressemitteilungen kostenlos in eine Datenbank einstellen in der Hoffnung, dass Journalisten diese bei ihrer Recherche nutzen und die Pressemitteilungen – in welcher Form auch immer – übernehmen (deutscher Branchenführer ist openpr.de). Bei Fachthemen kommt das durchaus vor, im allgemeinen Nachrichtenjournalismus wohl seltener.

Schließlich gibt es noch sog. *Aggregatoren*. Das sind werbefinanzierte Websites, die vollautomatisiert im Internet nach Pressemitteilungen suchen und diese in eine Online-Datenbank kopieren. Das Geschäftsmodell besteht darin, dass Onlinenutzer bei ihrer Suchmaschinen-Recherche auf die Seite stoßen und mit der dortigen Werbung in Kontakt kommen. Um die erfolgreiche Verbreitung von Pressemitteilungen an Massenmedien geht es hier kaum (vgl. Schweiger & Jungnickel 2011).

Eine seriöse Form von Online-Presseservice bieten *Expertenmakler*: Dabei handelt es sich um durchsuchbare Kataloge mit Themenlisten und Expertenprofilen, die Journalisten die Suche nach Experten für bestimmte Themen erleichtern sollen. Die Experten unterstützen Journalisten mit ihrer Sachkenntnis, lassen sich in Interviews befragen oder liefern Medieninhalte (z.B. als Gastbeiträge). Andererseits vertreten sie auch die Sicht bzw. die Interessen der Organisation, und erhöhen damit deren öffentliche Sichtbarkeit und Reputation. In den USA hat sich hierfür eine Vermittlungs-Plattform mit dem schönen Namen „Help-A-Reporter-Out" (helpareporter.com) etabliert. In Deutschland bieten verschiedene Organisationen – darunter auch Hochschulen – eigene ‚Expertenmakler' an. Eine gewisse Bekanntheit und Verbreitung unter Journalisten hat der "Informationsdienst Wissenschaft" (idw-online.de) erreicht (Hönisch 2012).

Information subsidy

Für derartige Phänomene prägte Gandy bereits (1982) das Konzept der Informations-Unterstützung (*Information subsidy*). Er bezeichnet damit dem Umstand, dass der Informations-Markt – wie jeder andere Markt – von Angebot und Nachfrage und sich daraus ergebenden Preisen gelenkt wird. Wenn Organisationen und ihre PR über entsprechende Ressourcen verfügen, können sie kostenlos attraktive publikationsfähige Inhalte anbieten, die Journalisten bzw. Medien mit geringen Ressourcen für die Nachrichtenrecherche und -produktion gern einsetzen. Was ursprünglich hauptsächlich im Zusammenhang mit der Informations-Unterstützung durch Regierungsstellen untersucht wurde (z.B. Martin & Singletary 1981), ist heute in allen Bereichen zu finden. Neben Pressemitteilungen und Interviews, die in Zeitungen und Online-Medien abgedruckt werden, sind hier vor allem sendefähige Radio- oder Videobeiträge (*Footage*) zu nennen.

Media Catching

In diesen Zusammenhang haben Waters et al. (2010) den Begriff *Media Catching* geprägt. Er beschreibt den Trend zur teilweisen Umkehrung der Verhältnisse zwischen PR und Journalismus: Wandten sich bisher meist PR-Schaffende an Journalisten, um in deren Berichterstattung zu kommen, so suchen mittlerweile Journalisten häufig unter PR-Leuten und Presseservices nach Themen und Experten.

Churnalism

Aus Großbritannien stammt ein weiterer, bitterböser Begriff: *Churnalism*(churn out = am Fließband herstellen) steht für billigen Pseudo-Journalismus, der nur noch eingehende Pressemeldungen sammelt und weiterverbreitet – ohne weitere Prüfung oder nennenswerte Bearbeitung. Es gibt sogar eine Suchmaschine, mit der man nach den eigentlichen Ursprüngen von Medienartikeln suchen kann (churnalism.com).

Medienunternehmen sparen nicht nur Kosten, indem sich ihre verkleinerten Nachrichtenredaktionen verstärkt von PR unterstützen lassen. Sie erschließen auch neue Einnahmequellen und begeben sich dabei in ökonomische Abhängigkeiten. Die Schlagworte lauten *hybride Werbung* und *Koppelgeschäfte.*

hybride Werbung

Unter hybrider Werbung versteht man alle Werbeformen, die von Mediennutzern nicht als klassische Werbung erkannt werden (vgl. Siegert & Brecheis 2005: 37). Da Werbung beim Publikum kein gutes Image hat und häufig ignoriert bzw. abgelehnt wird (sog. Werbereaktanz), sind Organisationen grundsätzlich bestrebt, ihre Inhalte oder Botschaften im redaktionellen Teil unterzubringen und den werblichen Hintergrund zu verschleiern. Das geschieht entweder als klassische Medienarbeit (→Kap. 3.4) oder aber durch bezahlte Medienpräsenz, ohne dass dies kenntlich gemacht wird. Deshalb spricht man landläufig von Schleichwerbung. Vergleichsweise harmlos und in vielen Fällen zulässig sind *Product Placements* im Rundfunk oder Kino (→Kap. 5.4). Tauchen hybride Werbeformen jedoch in Nachrichtenmedien auf, ist das häufig ein Verstoß gegen das Gebot der Trennung von redaktionellem Inhalt und Werbung (vgl. etwa Baerns & Feldschow 2004). Beispiele sind bezahlte *Advertorials*, also vermeintlich redaktionelle Beiträge mit werblichem Inhalt, oder ebenfalls bezahlte Beilagen oder Sonderausgaben. Eine taz-Recherche aus dem Jahr 2011 deckte erschütternde Praktiken bei deutschen Verlagen auf.[16]

Koppelgeschäfte

Als Koppelgeschäfte bezeichnet man alle Formen ‚kreativer' Verknüpfung zwischen journalistischer Berichterstattung und kommerziellen Interessen. Das klassische Koppelgeschäft sieht so aus: Ein Werbekunde bucht bei einem Medium unter der Voraussetzung Anzeigenplatz, dass er mindestens einen wohlwollenden redaktionellen Beitrag bekommt. Solche Koppelgeschäfte scheinen besonders bei Lokal-/Regionalzeitungen, Lokalfernsehen und Special Interest-Magazinen (z.B. Auto, Mode) gang und gäbe zu sein, so zumindest der Eindruck des Verfassers nach zahlreichen Gesprächen mit Journalisten, Verlagen und Öffentlichkeitsarbeitern. Es passt ins Bild, dass mittlerweile viele Medienunternehmen sog. Corporate Publishing-Abteilungen oder -Tochterunternehmen haben (z.B. G+J Corporate Editors bei Gruner +Jahr oder SV Onpact beim Süddeutschen Verlag), die den Werbekunden ganz offiziell journalistische PR-Dienstleistungen anbieten.[17]

Ein besonders perfides Beispiel für ein Koppelgeschäft im umgekehrten Sinn wurde 2001 bekannt: Nachdem die Süddeutsche Zeitung einen kritischen Bericht über die Lufthansa veröffentlicht hatte, beschloss diese – wohl als Strafe – eine drastische Reduktion der Bordexemplare

16 Http://www.taz.de/!68411/ (26.10.2012.).

17 Bei Schnedler (2011) findet sich eine Reihe lesenswerter Praxisbeiträge zum Thema Journalismus und Corporate Publishing.

auf Lufthansa-Flügen, immerhin eine vierstellige und entsprechend lukrative Teilauflage der Zeitung (Schnedler 2008: 11).

Was Hybridwerbung und Koppelgeschäfte aus gesellschaftlicher und journalistischer Sicht so problematisch macht, ist nicht nur der Umstand, dass sich reiche Organisationen einen Zugang zur Medienberichterstattung erkaufen können (Abbildung 5 oben). Fast noch beunruhigender ist, dass solche Geschäfte im stillen Kämmerchen passieren (Stichwort: Intransparenz) und deshalb von Rezipienten und Öffentlichkeit weitgehend unbemerkt bleiben.

Viele Journalisten – besonders Chefredakteure – befinden sich in einer Zwickmühle: Einerseits ist ihnen die Bedeutung alternativer Einnahmequellen für ihre Medieninstitutionen bewusst. Andererseits wissen sie, dass das Vertrauen des Publikums in eine neutrale Berichterstattung durch das Bekanntwerden solcher Praktiken erschüttert werden kann. Aus PR-Sicht heißt das: Intransparente Media Relations-Praktiken funktionieren nur, solange die Bürger die journalistische Berichterstattung nutzen (und bezahlen) und ihr vertrauen. Man kann hier also durchaus von einer verdeckten Symbiose zwischen Journalismus und PR sprechen.

Eine Befragung aller Chefredaktionen deutscher Abonnementzeitungen (Rücklauf: 59 Prozent) bestätigte, dass derartige Strategien in vielen Verlagen existieren (vgl. Baerns & Feldschow 2004). 44 Prozent der Redaktionen hielten klassische Koppelgeschäfte für eine übliche Praxis. Eine erhebliche Macht der Anzeigenkunden deckte eine weitere Befragung 2005 unter 260 Redakteuren von Regionalzeitungen auf (vgl. Schnedler 2008: 5). Beinahe 80 Prozent der Befragten meinten, „dass bei ihrer Zeitung im redaktionellen Teil auf Interessen von Inserenten Rücksicht genommen wird“, und mehr als die Hälfte fand, dass sich das in den vergangenen Jahren verstärkt habe. 56 Prozent berichteten, dass ihre Zeitung „zusätzliche redaktionelle Beitrage zur werblichen Unterstützung eines Inserenten oder einer Branche“ veröffentlicht. Ein Viertel der Redakteure gab schließlich zu, dass Beiträge, die einem Anzeigenkunden oder einer Branche unangenehm sein könnten, unter den Tisch fallen.

### 5.4 Gesetze und Berufskodizes

Da sich die beschriebenen Praktiken in einem Graubereich bewegen, sind sie nur schwer rechtlich zu regeln. Folgende Gesetze sind neben Art. 5 Grundgesetz (Recht der freien Meinungsäußerung) in Deutschland für das Verhältnis zwischen PR und Journalismus einschlägig.

Gesetze

Die *Pressegesetze* der Bundesländer regeln, wie bezahlte Veröffentlichungen zu kennzeichnen sind: Im Thüringer Pressegesetz vom 31. Juli 1991 findet man beispielsweise zur „Kennzeichnung entgeltlicher Veröffentlichungen" in § 10 die Formulierung: „Hat der Verleger oder Verantwortliche (§ 7 Abs. 2 Satz 4) eines periodischen Druckwerks für eine Veröffentlichung ein Entgelt erhalten, gefordert oder sich versprechen lassen, so muss diese Veröffentlichung, soweit sie nicht schon durch Anordnung und Gestaltung allgemein als Anzeige zu erkennen ist, deutlich mit dem Wort ‚Anzeige' bezeichnet werden." Wann eine solche Kennzeichnung nötig und was unter einer deutlichen Kennzeichnung zu verstehen ist, wird seit Jahren kontrovers diskutiert. Juristisch kaum in den Griff zu bekommen sind Koppelgeschäfte. Denn hier wird ja nicht der Beitrag selbst bezahlt, sondern eine andere, rechtlich unbedenkliche Leistung wie z.B. Werbeanzeigen. Der Beitrag selbst gilt als reine Gefälligkeit.

Das *Gesetz gegen den unlauteren Wettbewerb* vom 25. Oktober 1994 enthält eine Reihe von Vorschriften, die darauf abzielen, den Wettbewerb zwischen Unternehmen auch im Bereich der Marktkommunikation gerecht zu gestalten. Damit sollen grundsätzlich Verstöße einzelner Unternehmen „gegen die guten Sitten" (§ 1) unterbunden werden, die ihre Konkurrenz benachteiligen würden. Konkrete Regelungen finden sich

- in § 3 zum Recht auf Unterlassung bei irreführenden Angaben über Produkte, Unternehmen usw.;
- in § 4 zur strafrechtlichen Verfolgung von Werbung mit falschen Angaben (Freiheits- oder Geldstrafe);
- § 5 bezieht diese beiden Regelungen ausdrücklich auf Bildwerbung;
- § 14 und § 15 unterbinden schließlich die Anschwärzung und Verleumdung von Konkurrenten durch unwahre und schädigende Tatsachenbehauptungen.

Damit ist das Wettbewerbsrecht vor allem für vergleichende Werbung relevant. Diese ist grundsätzlich möglich, solange keine falschen Aussagen gemacht werden. Ferner kann es für die PR bei Falschaussagen über Konkurrenten in Pressemittelungen, auf Unternehmens-Websites oder anderen Corporate Media Anwendung finden. Zur Regelung des Verhältnisses zwischen PR und Journalismus trägt es indes kaum bei.

Das *Finanzmarktförderungsgesetz* (zuletzt vom 21. Juni 2002) regelt die sog. Ad hoc-Publizität. Darunter ist die Verpflichtung börsennotierter Unternehmen zur umgehenden Veröffentlichung kursbeeinflussender Tatsachen zu verstehen. Ad hoc-Mitteilungen stehen in der Regel auf der Unternehmens-Website und werden auch an (Wirtschafts-)Medien, Börsen-Plattformen usw. verteilt (z.B. mittels RSS-Feeds).

Der *Rundfunkstaatsvertrag* (zuletzt vom 10. März 2010) enthält schließlich Vorschriften für den öffentlich-rechtlichen und privaten Rundfunk sowie für Telemedien. Hier finden sich Definitionen für Werbung sowie die potenziell problematischen Formate Schleichwerbung, Sponsoring, Teleshopping und Product Placement (Infobox 2) und entsprechende Regelungen. Ohne diese im Einzelnen darzustellen, lässt sich die Zielrichtung der Vorschriften so zusammenfassen: Alle Formate sind unter bestimmten Bedingungen zulässig; beim öffentlich-rechtlichen Rundfunk gelten strengere Regeln als bei rein werbefinanzierten privaten Anbietern.

Da die Definitionen meist die Phrase „gegen Entgelt oder eine ähnliche Gegenleistung" enthalten, sind Koppelgeschäfte ebenfalls erfasst und werden wie gezahlte Werbung behandelt. Allerdings bleibt auch hier das Problem des Nachweises. Grundsätzlich dürfen werbliche Elemente ein bestimmtes, im Gesetz meist weich definiertes Ausmaß nicht überschreiten (z.B. § 7, Satz 7 „das Produkt darf nicht zu stark herausgestellt werden") und sie müssen für den Rezipienten als Werbung erkennbar sein. Damit bleibt die Trennung von redaktionellem Inhalt und Werbung eine zentrale Forderung. Das gilt zumindest für journalistische Inhalte, weshalb es auch ein Werbeverbot für Nachrichtensprecher oder Moderatoren von Magazinen „zum politischen Zeitgeschehen" (§ 7, Satz 8) gibt. Bei fremdproduzierten Filmen, Sportübertragungen oder „Sendungen der leichten Unterhaltung" ist Produktplatzierung hingegen zulässig (§ 15, Satz 1).

Ähnliche Regelungen enthalten schließlich die *EU-Fernsehrichtlinie* zu Werbung, Schleichwerbung und Sponsoring sowie die *EU-Richtlinie über audiovisuelle Mediendienste.*

Berufskodizes

Der kursorische Überblick über gesetzliche Regelungen sollte einen Eindruck dafür vermitteln, wie vielgestaltig unzulässige Werbeformen sind und wie schwierig es ist, rechtliche Grenzen zu ziehen. Viele Praktiken im Graubereich hybrider Werbung bleiben deshalb ungeregelt. Dass das so bleibt und dass es keine Verschärfung bestehender Gesetze gibt, liegt natürlich auch im Interesse PR-treibender Organisationen und finanziell klammer Medieninstitutionen, die davon profitieren. Andererseits bedroht das Bekanntwerden fragwürdiger Praktiken nicht nur die Reputation der betroffenen Medieninstitutionen bzw. PR-treibenden Organisationen oder gar beider Berufsstände.

Spektakuläre oder wiederholte Verstöße können auch den Staat zu schärferen Gesetzen veranlassen. Deshalb haben sowohl PR als auch

**Begriffe**

**Infobox 2: Werbliche Rundfunkelemente gemäß Rundfunkstaatsvertrag**

**Werbung**: „jede Äußerung bei der Ausübung eines Handels, Gewerbes, Handwerks oder freien Berufs, die im Rundfunk (...) entweder *gegen Entgelt oder eine ähnliche Gegenleistung* oder als Eigenwerbung gesendet wird, mit dem Ziel, den Absatz von Waren oder die Erbringung von Dienstleistungen (...) gegen Entgelt zu fördern."

**Schleichwerbung**: „die Erwähnung oder Darstellung von Waren, Dienstleistungen, Namen, Marken oder Tätigkeiten eines [Unternehmens] in Sendungen, wenn sie vom Veranstalter *absichtlich zu Werbezwecken vorgesehen* ist und *mangels Kennzeichnung die Allgemeinheit hinsichtlich des eigentlichen Zweckes dieser Erwähnung oder Darstellung irreführen kann*. Eine Erwähnung oder Darstellung gilt insbesondere dann als zu Werbezwecken beabsichtigt, wenn sie gegen Entgelt oder eine ähnliche Gegenleistung erfolgt"

**Sponsoring**: „jeder Beitrag einer natürlichen oder juristischen Person oder einer Personenvereinigung, die an Rundfunktätigkeiten oder an der Produktion audiovisueller Werke nicht beteiligt ist, *zur direkten oder indirekten Finanzierung einer Sendung*, um den Namen, die Marke, das Erscheinungsbild der Person oder Personenvereinigung, ihre Tätigkeit oder ihre Leistungen zu fördern"

**Teleshopping**: „die *Sendung direkter Angebote* (...) für den Absatz von Waren oder die Erbringung von Dienstleistungen (...) gegen Entgelt in Form von *Teleshoppingkanälen, -fenstern und -spots*"

**Produktplatzierung/Product Placement**: „die gekennzeichnete Erwähnung oder Darstellung von Waren, Dienstleistungen, Namen, Marken, Tätigkeiten eines [Unternehmens] in Sendungen gegen Entgelt oder eine ähnliche Gegenleistung mit dem Ziel der Absatzförderung. Die kostenlose Bereitstellung von Waren oder Dienstleistungen ist Produktplatzierung, sofern die betreffende Ware oder Dienstleistung von bedeutendem Wert ist"

*Quelle: § 2 (2) Rundfunkstaatsvertrag vom 1. Januar 2013 (relevante Stellen vom Verf. hervorgehoben)*

Medien ein vitales Interesse daran, allzu eklatante Verstöße durch freiwillige Selbstkontrolle zu identifizieren und zukünftig zu verhindern. Für die Umsetzung dieser Selbstkontrolle sind Berufs- und Branchenverbände zuständig, deren Aufgabe ja auch in der Lobbyarbeit für ihre Mitglieder besteht. Sie erarbeiten – als ‚Konfliktvermeidungsprogramme' (Raupp 2004) – Regelwerke und Beschwerdeordnungen, richten Entscheidungsgremien ein und sanktionieren Verstöße.

Auch große PR-Agenturen bzw. Medienunternehmen erarbeiten eigene Verhaltenskodizes. Ihr Zweck liegt neben der Regelung nach innen (Was dürfen Mitarbeiter tun, was nicht?) im Vertrauensnachweis gegenüber Auftraggebern. Beispiele sind auf der PR-Seite der „Code of Conduct der PLEON Agenturen in Deutschland“ (jetzt Ketchum Pleon) und auf der Medienseite die „Leitlinien zur Sicherung der journalistischen Unabhängigkeit bei Axel Springer“.[18]

Berufskodizes in der PR

Auf der PR-Seite gibt es zahlreiche *internationale Berufskodizes* (Überblicke bei Bentele 2008 a; Raupp 2004). Der öffentliche moralische Druck wird also von der Branche erkannt. Bereits 1965 wurde die Confédération Européenne des Relations Publiques (CERP) als Dachorganisation nationaler Berufsverbände aktiv und verabschiedete den *Code d'Athènes*. Weitere PR-Kodizes sind der *Code de Lisbonne* von 1978 sowie der *Code of Venice*, den die International Public Relations Association (IPRA) sogar schon 1961 verabschiedet hat.

Allen ist gemein, dass sie die Verantwortung der PR nicht nur gegenüber den Auftraggebern betonen, sondern auch gegenüber der Gesellschaft. Deshalb sollen PR-Schaffende Prinzipien wie Menschenrechte, Demokratie, Aufrichtigkeit, Transparenz und Moral über gegenteilige Anforderungen der Berufspraxis stellen. Teilweise formulieren die Kodizes konkrete Anforderungen bzw. Verbote. So heißt es etwa im Code d'Athènes „Dagegen sollte jedes Mitglied (...) es unterlassen, (10) die Wahrheit anderen Ansprüchen unterzuordnen; (11) Informationen aus unkontrollierten oder unkontrollierbaren Quellen zu verbreiten; (12) sich für Aktionen oder Vorhaben herzugeben, die gegen die Moral verstoßen, die Menschenwürde verletzen oder in den Bereich der Persönlichkeit eingreifen.“

Dennoch gab es an den Kodizes Kritik: Erstens gibt es kaum Vorschriften zum Verhältnis zwischen PR und Journalismus (Raupp 2004). Zweitens sind viele Formulierungen vage und lassen breiten Interpretationsspielraum (Cameron et al. 1997: 121). Beispielsweise lautet die konkreteste Bestimmung zum Umgang mit Journalisten im Code de Lisbonne: „In ihren Beziehungen zu anderen Berufsständen und zu anderen Bereichen der sozialen Kommunikation respektieren Public-Relations-Fachleute die dort geltenden Regeln und Praktiken, sofern diese mit den ethischen Grundsätzen ihres eigenen Berufsstandes vereinbar sind.“ (Art. 5) Drittens gibt es auf europäischer oder internationaler Ebene keine Kontrollen oder Sanktionen.

18 Diese und alle anderen genannten Kodizes finden sich auf der Website des Deutschen Rats für Public Relations (drpr-online.de).

Auf *nationaler Ebene* haben die vier deutschen PR-Verbände (DPRG, GRPA, BdP und de'ge'pol) gemeinsam den Deutschen Rat für Public Relations (DRPR; drpr-online.de) eingerichtet. Dieser besteht aus knapp zwanzig Mitgliedern aus Berufspraxis und Wissenschaft und prüft zusammen mit einer Geschäftsstelle „Beschwerden über öffentliche Kommunikationsmaßnahmen oder -unterlassungen". Das Urteil kann zu einer Rüge bzw. Mahnung führen. Letztere werden auf der Website veröffentlicht. Härtere Sanktionen sind nicht vorgesehen. Dennoch bedeutet eine Rüge oder Mahnung zumindest einen brancheninternen Imageschaden für die Betroffenen. In letzter Zeit hat der DRPR ferner eine Onlinerichtlinie vorgelegt und eine Schleichwerbungsrichtlinie überarbeitet. Diese werden 2012 durch einen Deutschen Kommunikationskodex ergänzt

Bekanntheitsgrad der Berufskodizes

Der Bekanntheitsgrad der Berufskodizes unter PR-Praktikern ist gering. 30 Prozent kannten 2009 nicht einmal den DRPR (Bentele et al. 2009: 162). In früheren Studien gab mehr als die Hälfte der Befragten an, den Code de Lisbonne nicht zu kennen. Das hat sich zuletzt ein wenig gebessert. 2009 waren Code d'Athènes und Code de Lisbonne 55 Prozent der Pressesprecher ein Begriff; den meisten (42 Prozent) allerdings nur flüchtig bekannt (Bentele et al. 2009: 163). Das legt die Vermutung nahe, dass die Kenntnis dieser Berufskodizes für PR-Praktiker eher legitimierende bzw. entlastende Wirkung hat – man kann immerhin sagen, dass es so etwas gebe und man es kenne – als dass sie wirklich als echte Leitlinie für das eigene Vorgehen angewandt würden.

Berufskodizes im Journalismus

Auf der Medienseite ist die Situation in Deutschland übersichtlicher. Hier gibt es seit 1956 den *Deutschen Presserat* (www.presserat.info). Er wurde von Verleger- (BDZV, VDZ) und Journalistenorganisationen (DJV, dju/ver.di) gegründet und dient nach eigener Aussage „der Lobbyarbeit für die Pressefreiheit in Deutschland und dem Bearbeiten von Beschwerden aus der Leserschaft". Der Presserat entscheidet auf der Grundlage des *Deutschen Pressekodex* über Beschwerden zu journalistischem Fehlverhalten. Das kann in gravierenden Fällen zu einer öffentlichen Rüge mit Abdruckverpflichtung im jeweiligen Medium führen. Die Sanktion ist damit etwas härter als eine DRPR-Rüge, da das gerügte Medium sein eigenes Publikum informieren muss. Die Rüge bekommt damit nicht nur eine größere Reichweite; sie erreicht auch unmittelbar die Hauptzielgruppe, nämlich die Rezipienten des betreffenden Mediums. Genau genommen ist die Abdruckverpflichtung ein freiwilliges Zugeständnis von Medienunternehmen gegenüber den Verbänden und wird gelegentlich missachtet (Bild-Zeitung/Axel Springer-Verlag). Letztlich ist der Deutsche Presserat damit ein ‚zahnloser Tiger', so eine häufig vorgetragene Kritik.

Auch der Pressekodex geht kaum auf das Verhältnis zur PR ein. Zunächst schützt Ziffer 2 Organisationen vor Journalistenwillkür. Dort heißt es, der Sinn veröffentlichter Informationen und damit auch von PR-Material dürfe „durch Bearbeitung, Überschrift oder Bildbeschriftung weder entstellt noch verfälscht werden. Dokumente müssen sinngetreu wiedergegeben werden" (Schönhagen 2006: 501). Ziffer 7 vertritt dann die Interessen der Rezipienten hinsichtlich Quellentransparenz: Sie fordert eine „klare Trennung zwischen redaktionellem Text und Veröffentlichungen zu werblichen Zwecken". Richtlinie 1.3 zu Ziffer 1 wird noch konkreter: „Pressemitteilungen müssen als solche gekennzeichnet werden, wenn sie ohne Bearbeitung durch die Redaktion veröffentlicht werden". Ab wann jedoch eine Pressemitteilung als ‚bearbeitet' gilt und man sie nicht mehr deklarieren muss, bleibt offen. Da Journalisten in den meisten Fällen zumindest den Titel einer Pressemitteilung ändern, läuft die Forderung nach Quellentransparenz praktisch ins Leere.

Deutlich strenger und klarer sind die Regeln des *Netzwerks Recherche*. Dort haben sich (Medien-)Journalisten und Wissenschaftler zusammengeschlossen, die sich um die Qualität journalistischer Recherche in Zeiten knapper werdender Redaktionsmittel sorgen. Allerdings richten sich die zehn Leitlinien des *Medienkodex*[19] lediglich an Journalisten und haben bestenfalls empfehlenden Status. In der PR-Branche sind sie vermutlich weitgehend unbekannt.

Fazit

Als Fazit sei Schnedler (2008: 8ff.) zitiert: „Journalisten und Öffentlichkeitsarbeiter finden in den Kodizes und den ergänzenden Richtlinien zwar einige Hinweise, wie sie in der heiklen Beziehung der beiden Professionen anständig agieren können, wie sie Zweifelsfragen entscheiden sollen und wie sie Konflikte fair lösen können. Auf allzu viel Hilfe in den Regelwerken sollten sie jedoch nicht hoffen." Ergänzend dazu Raupps (2004) Fazit: „Die geringe Thematisierung des Verhältnisses zwischen PR und Journalismus in den Kodizes erscheint (...) als institutionalisierte Verleugnungsstrategie" (S. 193 f.).

19 http://www.netzwerkrecherche.de/nr-Positionen--Positionen-des-netzwerk-recherche/Medienkodex-des-netzwerk-recherche/ (06.07.2012).

# 6. Theorien zur Journalismus-PR-Beziehung im Überblick

Nun haben wir uns das notwenige Praxiswissen angeeignet, um uns den Theorien zum Verhältnis zwischen PR und Journalismus zuzuwenden.

## 6.1 Ausgangspunkte und Analyseebenen

Begriffswirrwarr

Überblickt man die theoretische Literatur zum Verhältnis zwischen PR und Journalismus, stellt man fest, dass es an einheitlichen Konstrukten und Bezeichnungen mangelt. Stattdessen findet man eine verwirrende Begriffsvielfalt, die von Determination, Steuerung oder Medialisierung über Intereffikation, Interpenetration, Interdependenz bis hin zu struktureller Kopplung beider Systeme reicht. Gelegentlich liest man sogar, PR und Journalismus würden ein gemeinsames Supersystem bilden.

Unstrittig ist, dass PR und Journalismus zusammenarbeiten, aufeinander angewiesen sind und sich in irgendeiner Weise beeinflussen. Wie das aber abläuft und wie es theoretisch zu beschreiben ist, ist Gegenstand intensiver Debatten. Da ist die Rede von Parasitentum und Konflikt einerseits versus Symbiose und Win-Win-Situation andererseits (Ruß-Mohl 1999, 1994), von einer ‚antagonistischen Partnerschaft' (Rolke 1999) zwischen ‚siamesischen Zwillingen' (Bentele et al. 1997 b), die sich in einem ‚inhärenten Spannungsverhältnis' (Schnettler 2006: 27) befinden.

Grundsätzlich lassen sich unterschiedliche Forscher-Fraktionen entlang zweier Trennungslinien unterscheiden:

PR- und Journalismusforscher

Die erste Trennungslinie liegt *zwischen PR- und Journalismusforschern*. Wissenschaftler in diesem Feld stammen entweder aus der PR- oder der Journalismusforschung. Fast jeder identifiziert sich mit der einen oder anderen Seite. Während PR-Forscher Nachrichtenmedien als Instrument begreifen, mit dessen Hilfe PR-Praktiker ihre Anspruchsgruppen kommunikativ erreichen, betrachten Journalisten und Journalismus-Forscher PR als Irritation der Funktionserfüllung der Massenmedien und damit letztlich als Gefahr für die freie Meinungsbildung (vgl. z.B. Schnedler 2008, 2011). Sie ignorieren dabei gelegentlich, dass auch die PR wichtige Funktionen in der Gesellschaft innehat.

Die zweite Trennungslinie verläuft entlang von *Analyseebenen* und *Basistheorien*. Je nachdem, auf welcher Ebene Forscher das Verhältnis zwischen PR und Journalismus analysieren – Mikro, Meso oder Makro – und welche *Basistheorien* sie dabei zugrunde legen, kommen sie zu unterschiedlichen Beobachtungen und Bewertungen.

Basistheorien und Theorien

Eine *Basistheorie* (auch Paradigma) ist ein grundsätzliches wissenschaftliches Denk- und Analysegebäude, das sich auf Phänomene in unterschiedlichen Bereichen anwenden lässt, z.B. auf verschiedene Formen sozialen Zusammenlebens. Man kann Basistheorien etwas überspitzt als wissenschaftliche Glaubensgrundsätze bezeichnen, denen sich viele Wissenschaftler dauerhaft verpflichtet fühlen. *Theorien* hingegen beschreiben und erklären konkrete Phänomene, z.B. die Wirkung von Massenmedien auf Individuen oder eben auf das Verhältnis zwischen PR und Journalismus. Eine Theorie besteht aus mehreren sinnvoll aufeinander bezogene Hypothesen. Dabei handelt es sich um empirisch überprüfbare Aussagesätze, die einen Zusammenhang oder Unterschied zwischen zwei oder mehr Konstrukten annehmen. Eine Hypothese muss falsifizierbar sein, d.h. es muss empirisch messbare Bedingungen geben, unter denen die Hypothese abzulehnen wäre.

Analyseebenen

Von Analyseebenen war bereits die Rede. Hier geht es um die Frage, mit welcher Auflösung man das Verhältnis zwischen Journalismus und PR betrachtet:

- Auf der *Makroebene* fragt man nach den grundsätzlichen Funktionen von Journalismus und PR in der Gesellschaft sowie den damit verbundenen Strukturen.
- Auf der *Mesoebene* blickt man auf konkrete Organisationen, z.B. Medieninstitutionen, Unternehmen oder Kommunikationsagenturen, und die Verhältnisse zwischen ihnen.
- Die *Mikroebene* schließlich bezieht sich auf das Denken, Fühlen und Verhalten von Menschen und damit auf die Kompetenzen, Einstellungen und das berufliche Handeln individueller Journalisten und PR-Schaffender.

Alle drei Perspektiven haben ihre Berechtigung und ermöglichen die Beantwortung unterschiedlicher Fragen. Es liegt aber auf der Hand, dass Forscher je nach eingenommener Perspektive zu teilweise abweichenden Befunden gelangen.

### 6.2 Die wichtigsten Basistheorien

Die wichtigsten sozialwissenschaftlichen Basistheorien sind die *Systemtheorie* und die *Handlungstheorie.* Vertreter beider Basistheorien standen sich jahrelang beinahe feindlich gegenüber. Erst in den letzten Jahren gab es Versuche einer Kombination beider Ansätze wie Giddens' Strukturationstheorie (Giddens 1984).

Hintergründe

Um diese Basistheorien besser zu verstehen, wollen wir uns einige forschungshistorische Hintergründe klarmachen.

Sowohl die Journalismus- als auch die PR-Forschung kamen ursprünglich aus einem berufspraktischen Zusammenhang. Dort ging es nicht um Theorien, sondern um die Ausbildung Lernender zu professionellen, verantwortungsbewussten und erfolgreichen Journalisten und PR-Schaffenden. Im Mittelpunkt stand die Vermittlung von Fachkompetenzen wie z.B. das Recherchieren, das Führen von Interviews oder Nachrichtenschreiben, also um Fragen auf der Mikroebene. Ferner waren strategische und ethische Fragen zu klären: Wie wird man Journalist? Wie führt man erfolgreich eine Zeitung oder eine PR-Agentur (Mesoebene)? Und: Dürfen PR-Praktiker lügen? Wie beeinflussen PR und Journalismus unsere Demokratie (Makroebene)? Zur Beantwortung all dieser Fragen studierte man entweder Leben und Werk herausragender Verleger- oder Journalistenpersönlichkeiten wie Henri Nannen und Rudolf Augstein oder PR-Päpste wie Edward Bernays und Albert Oeckl. Oder man diskutierte konkrete Problemfälle: Wie konnte es beispielsweise passieren, dass ein renommiertes Magazin wie der Stern auf gefälschte Hitler-Tagebücher hereinfiel und sie abdruckte? Wie verhindert man im Journalismus die schlimmsten Auswüchse von Hybridwerbung oder Koppelgeschäften (→Kap. 5.3)? Forschung und Lehre konzentrierten sich also auf Einzelfälle und auf einzelne Persönlichkeiten.

Handlungstheorie vs. Systemtheorie

Diese Einzelfallbetrachtung konfligierte mit dem ansonsten in der Kommunikationswissenschaft dominierenden empirisch-sozialwissenschaftlichen Anspruch, Gesetzmäßigkeiten zu beschreiben und mittels Theorien zu erklären. Für diesen Konflikt gab es mehrere Gründe: Erstens sind herausragende Personen und Ereignisse per definitionem untypisch für allgemeine Gesetzmäßigkeiten bzw. den Durchschnitt – sonst würden sie ja nicht aus der Masse herausragen! Zweitens standen sowohl PR- als auch Journalismusforschung mit ihrer Fokussierung auf berufspraktische Themen und Praktikerpersönlichkeiten im Verdacht der Unwissenschaftlichkeit. Drittens vermittelt die Fokussierung auf Persönlichkeiten den Eindruck, dass es immer Absichten, Strategien und Handlungen von Einzelpersonen sind, die den Journalismus oder die Öffentlichkeitsarbeit prägen. Dies führt viertens dazu, dass soziale und strukturelle Gegebenheiten, die häufig sehr viel mehr Einfluss haben, unterschätzt oder gar übersehen werden.

Die zentrale Frage lautete also, ob Journalismus und PR stärker von Einzelpersonen mit persönlichen Meinungen und ihrem Handeln geprägt sind (*Handlungstheorie*) oder aber von sozialen Strukturen und ihren Gesetzmäßigkeiten (*Systemtheorie*).

Theorie kommunikativen Handelns

Eine weitere relevante Basistheorie ist Jürgen Habermas' soziologische *Theorie kommunikativen Handelns* (Habermas 2001). Habermas beschreibt auf der Basis historischer und kapitalismuskritischer Beobachtungen vier Grundregeln öffentlicher Kommunikation. Nur wenn diese von allen Beteiligten akzeptiert werden, können herrschaftsfreie politische Diskurse zu vernünftigen und legitimen politischen Entscheidungen führen (nach Burkart 1998: 425).

1. *Verständlichkeitsanspruch*: Alle Beteiligten müssen sich verständlich ausdrücken.
2. *Wahrheitsanspruch*: Sie müssen über wahre, d.h. von allen Beteiligten gleichermaßen akzeptierte Fakten und Sachverhalte kommunizieren.
3. *Wahrhaftigkeitsanspruch*: Die Beteiligten müssen wahrhaftig sein und versuchen, die anderen von ihrer Wahrhaftigkeit bzw. Vertrauenswürdigkeit zu überzeugen.
4. *Richtigkeitsanspruch*: Sie müssen versuchen, andere von der Richtigkeit ihres Anspruches und dessen Legitimität zu überzeugen.

Diese Ansprüche beschreiben ein Idealmodell, das in der Realität niemals vollständig erreicht werden wird. Wohl aber können sie als Vergleichsmaßstab an reale Kommunikation angelegt werden und zeigen, wie viel Prozent der theoretisch möglichen 100 Prozent dort erreicht werden.

Verschiedene PR-Forscher beziehen sich auf Habermas' Überlegungen zur Qualität und Leistungsfähigkeit öffentlicher Diskurse, indem sie PR als die Vertretung einer Organisation im Dialog mit anderen Anspruchsgruppen und im öffentlichen Diskurs beschreiben. Die bekanntesten dieser dialogorientierten Ansätze sind das Konzept der *verständigungsorientierten Öffentlichkeitsarbeit* von Burkart (2008) und das Plädoyer für PR als symmetrische Zwei-Wege-Kommunikation der *Excellence Theory of PR* von Grunig und Kollegen (1984).

Beide Ansätze thematisieren in erster Linie den Dialog zwischen einer Organisation und Anspruchsgruppen, weniger die Rolle der Medien. Deshalb sei auf andere PR-Überblicke verwiesen (z.B. Röttger 2009; Röttger et al. 2011).

### 6.3 Systemtheorie als wichtigste Basistheorie

Die Systemtheorie ist die wichtigste Basistheorie zum Verhältnis zwischen Journalismus und PR. Verschiedene Autoren haben daraus Annahmen zu den Beziehungstypen zwischen beiden Feldern bzw. Systemen abgeleitet. Da man diese nur nachvollziehen kann, wenn man die leider nicht ganz einfache Systemtheorie verstanden hat, skizzieren wir zunächst deren Grundlagen.

Theorie ohne Individuen

Von dem deutschen Soziologen Niklas Luhmann (1984) entwickelt, kommt sie gänzlich ohne Menschen und ihre Handlungen aus. Damit ist für den Forscher die Gefahr gebannt, sich allzu sehr auf das Individuum zu konzentrieren und soziale Zusammenhänge zu übersehen, in die der Einzelne zwar eingebunden ist, die er aber durch sein Handeln kaum beeinflussen kann. Diese Gefahr ist deshalb so groß, weil wir Menschen – Laien, Studierende und Wissenschaftler gleichermaßen – gut verstehen, was Menschen denken, fühlen, wollen und tun. Sehr viel schwerer fällt es uns, Organisationen und komplexe Zusammenhänge zu durchschauen. Deshalb neigen wir dazu, uns auf Individuen zu konzentrieren (Mikroebene). Das passiert übrigens auch in der Medienberichterstattung. Wenn Journalisten über ein so komplexes Thema wie Arbeitslosigkeit berichten, zeigen sie bevorzugt betroffene Familien und ihr Schicksal (Stichwort: Personalisierung), obwohl das Problem eher auf einer Systemebene zu diskutieren wäre. Diese Ebene ist allerdings kaum zu bebildern und schwer zu verstehen (Patterson & McClure 1976). Wenn man aber wie die Systemtheorie Menschen ganz aus der Analyse ausschließt, ist der Neigung zur Personalisierung auch in der Wissenschaft quasi ein Riegel vorgeschoben.

Systeme & Funktionen

Was sind nun die Annahmen der Systemtheorie Luhmann'scher Prägung? Soziale Systeme sind Strukturen, die aus beliebig vielen Elementen bestehen, die so eng miteinander in Verbindung stehen (Relationen), dass man sie als Ganzes betrachten kann. Häufig werden das Wirtschafts-, Rechts-, Wissenschaftssystem beschrieben. Diese Systeme erbringen Funktionen für die gesamte Gesellschaft oder für andere Systeme. So ermöglicht die Politik die Herstellung kollektiv verbindlicher Entscheidungen (Gerhards & Neidhardt 1991: 37) und die Wirtschaft produziert Güter und Dienstleistungen zur Befriedigung von Bedürfnissen. Jedes System entwickelt eine eigene Identität und grenzt sich von seiner Umwelt ab. Diese Grenze wird durch den sog. Binärcode bzw. eine Leitunterscheidung bestimmt. Das Wirtschaftssystem basiert beispielsweise auf der Leitunterscheidung „Geld/Nicht-Geld", das Rechtssystem auf dem Code „Recht/Unrecht". Das heißt: Alles, was mit Geld zu tun hat, geschieht innerhalb des Wirtschaftssystems; alles was mit Recht zu tun hat, im Rechtssystem usw. Alles andere ist Teil der Umwelt und damit Bestandteil anderer Systeme. Wie gesagt: Menschen, ihre Absichten und Handlungen werden in der Systemtheorie ignoriert. Es spielt auch keine Rolle, ob eine Person Mitglied unterschiedlicher Systeme ist, z.B. als Arbeitnehmer (System Wirtschaft), der sich mit seinem Arbeitgeber vor einem Arbeitsgericht (System Recht) um sein Gehalt streitet.[20]

**Akteure**

**Niklas Luhmann**, geboren 1927 in Lüneburg, gestorben 1998 in Oerlinghausen, Studium der Rechtswissenschaft mit Schwerpunkt römisches Recht an der Albert-Ludwigs-Universität Freiburg.

Nach Referendarausbildung mehrere Jahre Mitarbeiter/Referent in verschiedenen Verwaltungen, sammelte dabei Praxiserfahrungen zu Strukturen und Abläufen in Verwaltungs*systemen*. 1960/1961 Fortbildungs-Stipendium an der Harvard-Universität; dort Kontakt mit Talcott Parsons und dessen strukturfunktionaler Systemtheorie.

1965/66 ein (!) Semester Studium der Soziologie an der Westfälischen Wilhelms-Universität Münster, dort 1966 Promotion „Funktionen und Folgen formaler Organisation". Kurz darauf Habilitation mit „Recht und Automation in der öffentlichen Verwaltung. Eine verwaltungswissenschaftliche Untersuchung". 1968 bis 1993 Professor für Soziologie an der Universität Bielefeld.

Luhmann ist der Begründer der modernen Systemtheorie und gilt als Klassiker der Sozialwissenschaften.

*(Bildquelle: http://www.radiobremen.de/wissen/dossiers/luhmann/biographie100.html)*

Stabilität & Autopoesis

Jedes System strebt dauerhafte Stabilität an. Dazu muss es sich selbst und die relevante Umwelt ständig beobachten, um veränderte Umweltbedingungen (Irritationen) rechtzeitig zu erkennen und reagieren zu können. Eine zentrale Annahme hierbei ist das Prinzip der Autopoesis. Es besagt, dass sich jedes System aus sich selbst heraus reproduziert. Systeme sind bemüht, Einflüsse und Irritationen von außen zu minimieren, sie streben maximale Abgeschlossenheit an. Das gilt auch für den eigenen Nachwuchs. Wer beispielsweise im Rechtssystem als Rechtsanwalt arbeiten will, muss Jura studiert haben, mindestens das erste Staatsexamen bestehen und in die Anwaltskammer aufgenommen werden. Das Rechtssystem achtet also – aus durchaus nachvollziehbaren Gründen – darauf, Eindringlinge aus anderen Systemen abzuwehren.

20 Um die Unterscheidung zwischen konkreten Personen und ihren teils unterschiedlichen Rollen zu verdeutlichen, bevorzugt die Forschung generell den Begriff ‚Akteur'. Akteure können Individuen in bestimmten Rollen sein, aber auch ganze Organisationen wie z.B. Parteien, Gewerkschaften oder Kirchen.

Die meisten Systeme sind historisch durch die voranschreitende soziale Differenzierung entstanden – die Systemtheorie spricht von ‚Emergenz', also Auftauchen. Ursprünglich unterschieden sich Gesellschaftssysteme stratifikatorisch, d.h. es gab abgeschlossene soziale Schichten (Adel, Klerus, Handwerker, Bauern, Bürger). Später hat die zunehmende Arbeitsteiligkeit und Spezialisierung zu sog. Funktionssystemen geführt, die unterschiedliche Funktionen für die Gesellschaft erbringen, also eben z.B. das Wirtschafts- oder Rechtssystem. Im Lauf der Zeit haben sich aus den bestehenden Systemen wiederum neue Systeme gebildet oder abgespaltet, oder aber Elemente aus unterschiedlichen Systemen sind zu neuen Systemen zusammengewachsen.

Differenzierung & Emergenz

Genau dieser Prozess ließ sich beim Journalismus und der PR beobachten (→Kapitel 2). Verfassten ursprünglich Geistliche, Literaten, Professoren, Lehrer und sonstige Schreibkundige als Nebentätigkeit Nachrichten und Kommentare, bildete sich daraus im 19. Jahrhundert mit dem Journalismus eine eigene Profession mit eigenen Institutionen (Medienunternehmen und später Rundfunkanstalten) und eigener Berufsauffassung (vgl. z.B. Altmeppen 1999). Auch bei der PR ist eine Systememergenz durch Arbeitsteilung, Professionalisierung und Bildung einer eigenen Identität zu verzeichnen. Allerdings dient Öffentlichkeitsarbeit immer einem anderen System, also z.B. dem Wirtschaftssystem, dem politischen System, dem Kultur-, Wissenschafts- oder Sportsystem.

Deshalb diskutieren systemtheoretisch orientierte PR-Forscher, ob die Öffentlichkeitsarbeit (a) ein eigenes gesellschaftliches Funktionssystem darstellt, (b) Teil eines größeren Systems Öffentlichkeit ist oder (c) ein Sub- oder Leistungssystem innerhalb desjenigen Systems, für das sie arbeitet. Die letztgenannte Position wird mittlerweile von den meisten Forschern vertreten. Subsystem bedeutet hierbei, dass die PR den Code des übergeordneten Systems übernimmt (also beispielsweise Geld/Nicht-Geld bei Wirtschafts-PR) und neben diesem Primärcode einem zweiten Unterscheidungscode folgt. Dieser lautet in der PR Legitimation/Nicht-Legitimation (Hoffjann 2007: 83ff.). Weiterhin wird debattiert, ob PR als Subsystem einem *gesamten* Funktionssystem zuzuordnen ist, also etwa dem Wirtschaftssystem, oder aber *konkreten* Organisationssystemen, also z.B. einzelnen Unternehmen.

Wie funktionieren Systeme? Elemente oder Subsysteme innerhalb eines Systems stehen in Kommunikation untereinander, erbringen Leistungen füreinander, können einander aber auch stören, behindern oder irritieren (Dysfunktion). Das System Journalismus beispielsweise besteht aus unterschiedlichen Elementen bzw. Rollen, z.B. Reporter, Re-

Leistungen, Strukturen & Programme

dakteur, Agenturjournalist, Ressortleiter, Chef vom Dienst oder Chefredakteur. Alle diese Rollen erbringen Leistungen füreinander und das Gesamtsystem Journalismus.

Um das System effizienter zu machen, bildeten sich im Zug der Systememergenz *Strukturen*, also dauerhafte, institutionalisierte Muster heraus, auf die sich die Akteure dauerhaft verlassen können. Laut Luhmann ist die daraus resultierende „Reduktion von Komplexität“ die wesentliche Leistung von Systemen. Ein Beispiel: Indem Redaktionen die Rolle des Chefs vom Dienst einrichten, erleichtern sie allen Beteiligten die Arbeit, da die Redakteure immer wissen, mit wem sie ihre Beiträge abzustimmen haben.

Eine ähnliche Funktion erfüllen *Programme*. Das sind festgelegte Abläufe von Prozessen, die schriftlich fixiert sein können, aber nicht sein müssen. Häufig halten sich die Mitglieder eines Systems an Programme, ohne dass diese explizit festgelegt worden wären. Viele Programme haben sich einfach über die Zeit entwickelt und bewährt. Ein typisches Programm im Journalismus ist die Planung einer Ausgabe (inkl. Redaktionskonferenz usw.). Auch die Nachrichtenproduktion von der Recherche über das Befragen von Betroffenen oder Experten bis hin zum Schreiben des Artikels und dem Texten der Schlagzeile ist ein solches Programm.

## 6.4 Systemtheoretische Beziehungstypen

Auch wenn Systeme wie PR oder Journalismus grundsätzlich um Stabilität und Abgeschlossenheit bemüht sind, müssen sie in Austausch mit anderen Systemen in ihrer Umwelt treten.

- *Erstens* erfüllen Funktionssysteme Funktionen für die Gesellschaft bzw. andere Systeme. Während der Journalismus als Funktionssystem der Gesellschaft und der öffentlichen Meinungsbildung dient (→Kap. 3.2), erbringt PR Leistungen für die auftraggebenden Systeme Wirtschaft, Politik, Kultur usw.
- *Zweitens* erbringen die Systeme Journalismus und PR Leistungen füreinander, nämlich den bereits erwähnten Austausch von Publizität gegen Information.
- *Drittens* müssen Systeme ständig ihre Umwelt und sich selbst beobachten (Umwelt- und Selbstbeobachtung), um auf Veränderungen reagieren zu können. Die Selbstbeobachtung ist nur ‚von außen' möglich, d.h. durch die Beobachtung der Beobachtung anderer Beobachter. Das klingt kurios, ist aber schnell erklärt: Will ein Unternehmen (=System) wissen, wie das Verhältnis zu seinen Anspruchsgruppen (=Umwelt) beschaffen ist, kann es diese direkt da-

nach fragen oder indirekt ihre sonstigen unternehmensrelevanten Aussagen (=Fremdbeobachtungen) erfassen – allesamt ureigene PR-Aufgaben. Typische Beispiele für Fremdbeobachtung bzw. Selbstbeobachtung durch die ‚Augen Anderer' sind Kunden- oder Mitgliederbefragungen, die Auswertung von Kundenbeschwerden (Beschwerdemanagement) oder die Erfassung von Stakeholder-Aussagen in den Social Media (Web-Monitoring). Da die Fremdbeobachtung gesellschaftlicher Systeme ohnehin die zentrale Aufgabe des Journalismus ist, liegt es für die PR nahe, die Medienberichterstattung zu beobachten (Presse-Clipping; →Kap. 7.2) und mit Journalisten über ihre Außenwahrnehmung zu sprechen.

Doch wie stellen sich systemtheoretische PR-Forscher die Beziehung zwischen Journalismus und PR vor?

Interdependenz & Steuerung

Zunächst lehnt die Systemtheorie die Vorstellung einer einseitigen Beeinflussung oder kompletten Abhängigkeit einer Seite ab. Ein System ist definitionsgemäß autonom, sonst wäre es kein System. Aber Systeme haben Schnittstellen nach außen und sind zu einem gewissen Grad voneinander abhängig. Diese *Interdependenz* muss nicht ausbalanciert sein, die systemtheoretische Logik sieht durchaus Machtunterschiede vor.

Dennoch kann ein System einem anderen System nichts aufzwingen. Es kann lediglich versuchen, das andere System durch den Austausch von Ressourcen – im Sinne von ‚eine Hand wäscht die andere' – zu verändern und damit zu steuern. Diese *Steuerung* wird definiert als das „Einwirken eines Systems auf ein anderes, wodurch dessen Verhalten, Struktur, Funktion oder Eigenschaften entsprechend dem Programm oder Algorithmus des steuernden Systems festgelegt oder verändert werden" (Haufe 1989; zit nach Jarren & Röttger 2009: 38). Dabei kommt es zur „Herausbildung einer Interaktionsstruktur, die auf einer gewissen Wechselseitigkeit beruht" (Jarren & Röttger 2009: 39). Eine komplette Steuerung eines Systems durch ein anderes ist nicht möglich, weil dann beide Systeme nach identischen Codes und Regeln operieren müssten (Hoffjann 2007: 134).

strukturelle Kopplung

Eine wechselseitige Leistungserbringung oder gegenseitige Steuerung wird dadurch ermöglicht, dass Journalismus und PR über gemeinsame Strukturen, Programme bzw. „institutionelle Arrangements" verfügen (Raupp 2009: 277). Die Systemtheorie spricht hierbei von ‚*struktureller Kopplung*' (vgl. z.B. Scholl 2004). Ein Beispiel für eine gekoppelte Struktur zwischen PR und Journalismus ist die Position des Pressesprechers. Dieser erleichtert Journalisten die Arbeit, weil sie einen klar definierten Ansprechpartner haben. Ohne Pressesprecher müssten sie bei der Recherche quer durch die gesamte Organisation nach Auskünften suchen. Ein typisches Programm ist der Verlauf einer Pressekonferenz – vom Versand der Einladungs-Pressemitteilungen über das Verteilen von Pressemappen vor der Präsentation bis hin zur abschließenden Fragerunde. Sowohl PR-Leute als auch Journalisten kennen dieses Programm, halten sich in der Regel daran und erreichen damit gemeinsam einen effizienten Ablauf der Pressekonferenz.

Ein weiteres Beispiel macht die Nähe bzw. strukturelle Kopplung zwischen beiden Systemen noch deutlicher: Im Journalismus steht bekanntlich das Recherchieren und Produzieren von Nachrichtenbeiträgen im Mittelpunkt. Das gilt teilweise auch für PR-Schaffende: Auch sie verbringen einen Teil ihrer Zeit damit, Beiträge über die auftraggebende Organisation zu recherchieren und zu produzieren. Die dabei angewandten Arbeitstechniken und -abläufe sind grundsätzlich dieselben, weshalb gelegentlich sogar von ‚PR-Journalismus' die Rede ist. Es passt ins Bild, dass viele PR-Leute ursprünglich eine journalistische Ausbildung genossen oder selbst als Journalisten gearbeitet haben (→Kap. 5.1). Diese Erfahrung ermöglicht der PR nicht nur eine perfekte Kopplung an journalistische Strukturen und Programme.

Interpenetration

Da Journalisten und PR-Praktiker einen gemeinsamen Hintergrund teilen, ähnliche Tätigkeiten und Arbeitsabläufe kennen und häufig erfolgreich zusammenarbeiten, sind die beiden Systeme nicht nur aneinander angepasst, d.h. strukturell gekoppelt. Es gibt auch eine Schnittmenge von Leistungen, Strukturen und Programmen, wo die Systeme unmittelbar ineinander übergehen und sich überschneiden. Die Systemtheorie spricht hierbei von *Interpenetration* und Interpenetrationszonen. Westerbarkey (1995: 154 f.) definiert *Interpenetration* als die „wechselseitige Durchdringung von Systemen mit fremden Leistungsanforderungen (...): Systeme übernehmen Leistungen anderer zwecks Erhöhung eigener Effizienz". In den Interpenetrationszonen werden die „Operationen des ‚Muttersystems' denen des Partners angepaßt oder sogar partiell vom Partner kontrolliert und gesteuert" (ebd.). Dass sich die Systeme ineinander auflösen, kann man durchaus in der Praxis beobachten, etwa wenn ein Journalist bei seinem PR-Kollegen anruft, ihn um einen Beitrag zu einem Thema in dessen Zuständigkeitsbereich bittet und diesen Text dann kaum verändert abdruckt. Während Journalismus und PR in den Interpenetrationszonen ansatzweise verschmelzen, bleiben die Systeme jenseits dieser Zonen getrennt.

Supersystem

Die empirische Frage lautet nun, wie groß die Interpenetrationszonen sind. Plasser (1989) spricht in einer politikwissenschaftlichen Analyse zur Verschmelzung von Journalismus und Polit-PR sogar von einem gemeinsamen *Supersystem*. Unter Kommunikationswissenschaftlern fand der Begriff wenig Anhänger. Dennoch gibt es auch hier Theorieentwürfe, die beide Systeme aus der Makroperspektive betrachten und als ein einziges System namens Publizistik, Öffentlichkeit oder öffentliche Meinung bezeichnen. Der Code dieses Systems ist dann öffentlich/nicht-öffentlich oder Information/Nicht-Information. Bereits Luhmann beschreibt die Funktion der öffentlichen Meinung als „Selbstbeobachtung der Gesellschaft": Sie erlaubt es der Gesellschaft, sich von außen zu beobachten und nötige Systemanpassungen schneller erkennen und umsetzen zu können (ausführlich Marcinkowski 1993).

Abbildung 6 visualisiert die drei systemtheoretischen Vorstellungen zur Beziehung zwischen PR und Journalismus. Um den Stand der Forschung zusammenzufassen: Trotz unterschiedlicher Akzentuierung dominiert die Annahme, dass Journalismus und PR grundsätzlich getrennte Systeme darstellen, die strukturell verkoppelt sind, ‚zusammengewachsene' Interpenetrationszonen aufweisen und sich gegenseitig steuern. Die Vorstellung eines einzigen Supersystems wird zumindest in der Kommunikationswissenschaft als zu grob abgelehnt.

**Modell**

Abbildung 6: Systemtheoretische Vorstellungen zur PR-Journalismus-Beziehung

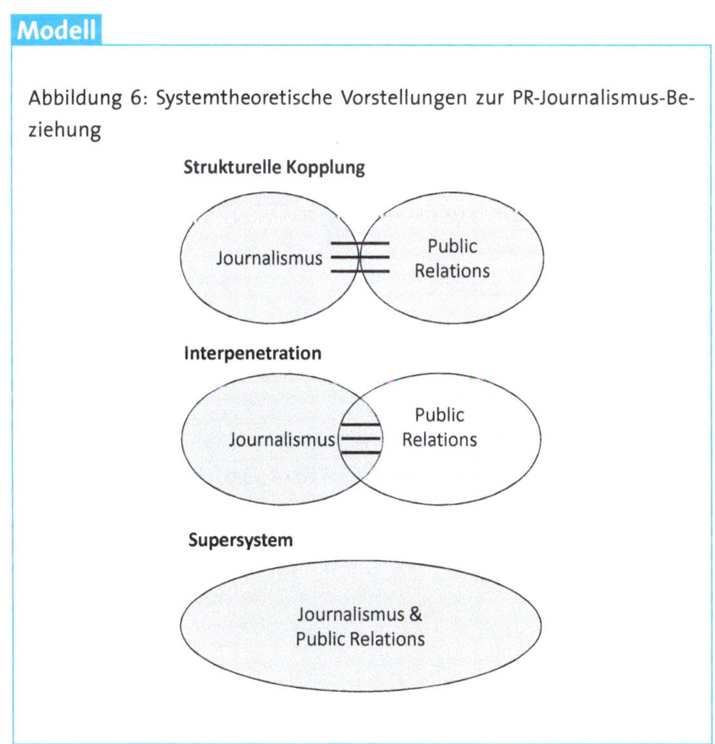

Fazit

Auch wenn die systemtheoretischen Konzepte Emergenz, strukturelle Kopplung, Interpenetration und Steuerung unterschiedliche Sachverhalte betonen, beschreiben sie insgesamt eine Vorstellung vom Verhältnis zwischen PR und Journalismus, die in der gesamten wissenschaftlichen Debatte mehr oder weniger unstrittig ist:

- PR und Journalismus haben sich historisch zunächst miteinander und seit dem 20. Jahrhundert auseinander entwickelt (*Emergenz*).
- Sie sind voneinander abhängig (*Interdependenz*), beobachten einander genau und orientieren sich teilweise aneinander (*Ko-Orientierung*).
- Beide Felder weisen teilweise Ähnlichkeiten hinsichtlich Arbeitsabläufen und Strukturen auf (*strukturelle Kopplung*).
- Es gibt einen Überschneidungsbereich, in dem beide unmittelbar zusammenarbeiten bzw. ineinander übergehen (*Interpenetration*).
- Jedes Feld trachtet danach, das jeweils andere zu steuern, d.h. dessen Leistungen für die eigenen Interessen zu nutzen. Deshalb gilt das Verhältnis zwischen Journalismus und PR als ‚antagonistische Partnerschaft' (Rolke 1999).

### 6.5 Theorien zur Journalismus-PR-Beziehung

Streitpunkte

Damit ist aber der *Grad* der gegenseitigen Abhängigkeit und die Frage, *wer* nun eigentlich *wen wie* beeinflusst, noch nicht beantwortet. Leidenschaftlich wird diskutiert, ob beide Felder ohne das jeweils andere überhaupt existieren könnten. Um das biologistische Bild der Symbiose aufzugreifen: Würden Träger- oder Wirts-Tier ohne einander weniger erfolgreich und angenehm leben oder würden sie ganz aussterben? Kann also die PR ohne journalistische Massenmedien funktionieren? Und: Kann Journalismus unter den heutigen ökonomischen Bedingungen (→Kap. 5.3) ohne die Unterstützung und Zuarbeit der PR erfolgreich seine Aufgaben erfüllen? Dies alles sind keine theoretischen Fragen, die man mit Ja oder Nein beantworten kann, sondern empirische Fragen. Natürlich würden sowohl der praktische Journalismus als auch die praktische PR ohne die Existenz der Gegenseite anders funktionieren, aber es würde sie zweifellos auch so geben. Denn Unternehmen und Organisationen würden auch ohne Journalismus versuchen, die Öffentlichkeit in ihrem Sinne zu informieren und zu beeinflussen. Und auch ohne PR würde es ein öffentliches Interesse an aktuellen Themen geben, über die Journalisten berichten.

Ansätze zur PR-Journalismus-Beziehung

Trotzdem hat es in der deutschsprachigen PR- und Journalismusforschung der letzten Jahre teils heftige theoretische Auseinandersetzungen um diese Fragen gegeben. Im Mittelpunkt standen drei Theorien bzw. Ansätze, von denen jeder für eine Wirkungsrichtung steht (Abbildung 7).

- Der *Determinationsansatz* besagt, dass PR den Journalismus einseitig und in einem Maß beeinflusst, das dessen gesellschaftliche Funktionserfüllung bedroht.
- Der *Intereffikationsansatz* wird von der Vorstellung ‚siamesischer Zwillinge' getragen: PR und Journalismus arbeiten so eng zusammen und sind symbiotisch aufeinander angewiesen, dass sie ohne das jeweils andere System nicht funktionsfähig wären.
- Die *Medialisierungsthese* besagt: Die Medienberichterstattung ist für politische Akteure (Parteien, Politiker), teilweise aber auch für Wirtschaftsunternehmen von derartiger Bedeutung, dass sich deren Kommunikation/PR den Regeln journalistischer Nachrichtenauswahl und -darstellung anpassen.

**Modell**

Abbildung 7: Theorien zur PR-Journalismus-Beziehung

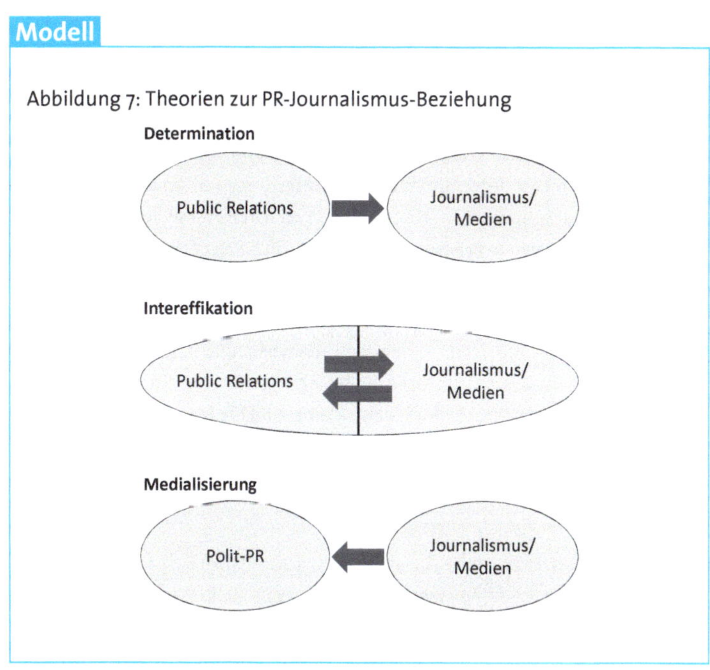

# 7. PR beeinflusst Journalismus: Determination

## 7.1 Ausgangspunkt und Überblick

Barbara Baerns ist promovierte Kommunikationswissenschaftlerin und war langjährige Berufspraktikerin, die mehrfach die Seiten zwischen PR und Journalismus gewechselt hatte. Es lag für sie nahe, der Frage nachzugehen, welchen Einfluss die PR bzw. Media Relations auf die journalistische Berichterstattung haben (1979; 1991, erstmals 1985). Während in der deutschsprachigen Kommunikationswissenschaft bis dahin fast nur abstrakte Theorieentwürfe zur gesellschaftlichen Bedeutung der PR (→Kap. 3.2) und nur wenige empirische Studien existierten, untersuchte Baerns diese konkrete Forschungsfrage ab 1975 in mehreren empirischen Studien.

**Akteure**

**Barbara Baerns**, geboren 1935 in Rinteln (Niedersachsen), Studium der Publizistik, Germanistik, Theaterwissenschaft und Anglistik; Promotion 1967 an der FU Berlin mit einer Arbeit über eine literarische Zeitschrift in der Nachkriegszeit.

Mehrfacher beruflicher Wechsel zwischen PR und Journalismus: 1967 PR Presse- und Kulturreferentin im United States Information Center, Hannover; 1969 Redakteurin bei der Neuen Hannoverschen Presse; 1971 PR bei Coca Cola Central Europe; 1973 politische Redakteurin bei der Neuen Ruhr Zeitung (Essen).

Ab 1975 wissenschaftliche Mitarbeiterin an der Ruhr-Universität Bochum; dort Habilitation 1982 mit „Öffentlichkeitsarbeit und Journalismus – Zur Notation und Interpunktion latenter Beziehungen" – der Grundlegung des Determinationsansatzes. 1989 bis 2004 Lehrstuhl für Theorie und Praxis des Journalismus und der Öffentlichkeitsarbeit an der FU Berlin.

*(Bildquelle: http://www.maz.ch/aktuell/news/237.asp)*

Informationsleistung journalistischer Massenmedien

Ausgangspunkt war nicht die PR-Seite, sondern die ‚Informationsleistung' journalistischer Massenmedien. Baerns (1979: 301) wollte wissen, warum die Berichterstattung über bestimmte Themen trotz einer Fülle unterschiedlicher Medienangebote häufig erstaunlich ähnlich bzw. konsonant ist.

Die Feststellung einer konsonanten Medienberichterstattung hatte einige Jahre früher Elisabeth Noelle-Neumann (1973) als Argument für vermeintlich starke Medienwirkungen angeführt: Auch wenn die Rezipienten Medien auswählen, die ihren persönlichen Einstellungen entsprechen und andere meiden (selective exposure), so schützt sie das nicht vor einer Beeinflussung durch die Medien, da diese häufig konsonant berichten. Salopp formuliert: Egal, welche Fernsehsender man sieht oder welche Zeitungen oder Zeitschriften man liest, die Journalisten berichten alle dasselbe. Noelle-Neumann betrachtete die Journalisten mit ihren (linken) politischen Einstellungen und ihrem Drang, die Bürger zu beeinflussen, als Ursache für Medienkonsonanz.

Baerns dagegen nahm den Einfluss der Öffentlichkeitsarbeit in den Blick. Dass es einen Konflikt zwischen beiden Seiten geben *muss*, war ihr klar. Während der Journalismus gesamtgesellschaftlichen Interessen dient, geht es der Öffentlichkeitsarbeit um die „Selbstdarstellung partikularer Interessen durch Information" (Baerns 1991: 16). Da die PR bzw. Media Relations das Ziel verfolgen, ihre Inhalte in den Massenmedien unterzubringen, ist zu fragen, „ob, was als ‚Journalismus' erscheint, ‚Öffentlichkeitsarbeit' sei" (S. 14). Baerns war damit die erste deutschsprachige Kommunikationswissenschaftlerin, die die Medienresonanz auf Pressearbeit, also Agenda Building bzw. Issues Management (→Kap. 3.5), umfassend untersuchte. In den USA gab es bereits früher vergleichbare Studien (Harris 1961; Cutlip 1962; Sigal 1973; Aronoff 1976) und auch in Deutschland existierte eine Vorgängerstudie (Nissen & Menningen 1977).

Wie bereits erläutert (→Kap. 3.4) sind PR-Botschaften im journalistischen Gewand deshalb so problematisch, weil sie die Rezipienten über die wahre Quelle täuschen und vorgeben, das Produkt objektiver und vertrauenswürdiger Journalisten zu sein. Dabei betonte Baerns einen Kontrast zwischen journalistischer Eigenleistung im Sinne selbstbeschaffter Informationen einerseits und andererseits Inhalten, die von Organisationen bzw. deren Öffentlichkeitsarbeit an sie herangetragen werden. Um herauszufinden, wie hoch der PR-induzierte Anteil an der Medienberichterstattung ist, führte Baerns *Input-Output-Analysen* durch (später Determinationsanalysen genannt).

Logik der Input-Output-Analyse

Bei einer Input-Output-Analyse wird der Input der PR in das journalistische System mit dessen Output, also der Medienberichterstattung, verglichen. Dabei sind grundsätzlich fünf methodische Schritte nötig:

1. Zunächst wird ein konkretes Untersuchungsgebiet bestimmt. Das ist häufig ein Themengebiet (z.B. Landespolitik oder Automobilberichterstattung), eine PR-treibende Organisation (z.B. Daimler oder ADAC) oder ihre Marken bzw. Produkte.
2. Auf der Input-Seite wird die gesamte themenrelevante Öffentlichkeitsarbeit der Organisation(en) erfasst.
3. Dann legt man eine zum Untersuchungsgebiet passende und forschungsökonomisch zu bewältigende Medienstichprobe (Medien-

gattungen und Medienprodukte) sowie einen Untersuchungszeitraum fest.

4. Nun werden in der Medienstichprobe alle Beiträge mit Themenbezug recherchiert und gesammelt. Diese Beitragsstichprobe bildet den Output.
5. Schließlich werden Input und Output miteinander verglichen.

Am schwierigsten sind in der Regel die Input-Sammlung (Schritt 2) und der Input-Output-Vergleich (Schritt 5).

*Zur Input-Sammlung*: Als Input kommt grundsätzlich die gesamte Palette von Media Relations-Instrumenten in Frage (→Kap. 3.4). Manifeste Instrumente wie Pressemitteilungen, Pressefotos oder Redemanuskripte sind fixiert, archiviert und öffentlich verfügbar und können darum auch später gefunden und analysiert werden. Latente Media Relations-Instrumente (z.B. persönliche Kontakte, Gespräche) sind dagegen nicht fixiert und lassen sich lediglich durch Beobachtung in Echtzeit erheben, wie z.B. in einer Redaktionsbeobachtung, wo man Journalisten bei ihren Gesprächen mit PR-Leuten oder bei Recherchen beobachtet (z.B. Quandt 2005). Beobachtungsverfahren sind wegen des immensen Aufwandes nur in einem eng abgesteckten Rahmen möglich; für Input-Output-Analysen taugen sie in der Regel nicht. Persönliche Mails zwischen PR-Vertretern und Journalisten werden zwar in der Regel archiviert, doch sind aufgrund der dortigen Vertraulichkeit nur wenige Praktiker bereit, Forschern ihre Mails später zur Verfügung zu stellen.

Beim *Input-Output-Vergleich* (Schritt 5) gilt es zunächst herauszufinden, welche Inhalte auf PR- und Medienseite ähnlich oder gar identisch sind. Zweitens ist die Frage zu beantworten, ob Ähnlichkeiten zwischen Input und Output zufällig sind oder ob es Hinweise auf einen tatsächlichen PR-Einfluss gibt. Ist eine Zeitungsmeldung im Großen und Ganzen identisch mit einer Pressemitteilung, kann ein Zufall ausgeschlossen werden. Was aber bedeutet es, wenn ein Medienbeitrag über ein Ereignis berichtet, zum dem zwar eine Pressemitteilung existiert, diese inhaltlich und formal jedoch anders ist? In diesem Fall kann das Timing weiterhelfen: Wenn ein Bericht kurze Zeit nach dem Versand einer thematisch passenden Pressemitteilung erschienen ist, ist ein PR-Einfluss wahrscheinlich (vgl. Raupp & Vogelgesang 2009).

Baerns' klassische Determinationsstudie

Nun zu Baerns' klassischer Determinationsstudie.[21] Nach einer kleineren Pilot-Studie zur Medienresonanz auf die (eigene) Pressearbeit bei Coca Cola (Baerns 1979) begann sie Ende der 1970er-Jahre mit einer ‚großen' Input-Output-Studie. Themengebiet war die nordrhein-westfälische Landespolitik – eine „einerseits umfangreiche, andererseits gerade noch überschaubare ‚natürliche' Einheit" (Baerns 1991: 43).

Als *Output* wurden sämtliche Nachrichtenagentur-Meldungen über landespolitische Themen und Berichte in tagesaktuellen Massenmedien erfasst (Tabelle 3).

## Schlüsselstudien

Tabelle 3: Untersuchungsmaterial im April & Oktober 1978

| PR-Input | | Medien-Output |
|---|---|---|
| ■ alle Pressemitteilungen der legislativen und exekutiven Organe in NRW<br>■ Beobachtungsprotokolle der Landespressekonferenz<br>■ amtliche Protokolle der Landtagssitzungen<br>■ öffentliche Landtagspublikationen<br>(insg. 159 Pressemitteilungen und Protokolle) | ➔ | Alle landespolitischen Beiträge in 27 tagesaktuellen Medien in NRW<br>■ Tageszeitungen (n=1797 Beiträge)<br>■ TV (n=347 Beiträge)<br>■ Hörfunk (n=562 Beiträge)<br>Nachrichtenagenturen dpa, ddp und ap (n=826 Meldungen) |

Doch wie findet und erhebt man zu diesem Thema den *Input*, also die Pressearbeit aller Institutionen zur Landespolitik? Baerns wendete einen Trick an: In NRW gab und gibt es die „Landespressekonferenz Nordrhein-Westfalen". Das ist ein eingetragener Verein, in dem Journalisten organisiert sind, die über landespolitische Themen in NRW berichten.[22] Der Verein organisiert u.a. einen Adressverteiler aller relevanten Medien bzw. Journalisten und veranstaltet Pressekonferenzen. Wenn die Regierung, ein Ministerium, eine Partei oder Landtagsfraktion in NRW Journalisten erreichen wollen, nutzen sie die Vermittlung der Landespressekonferenz. Baerns machte sich deren Dienste zunutze, um alle Pressemitteilungen und Pressekonferenzen, die im

21 Auch wenn es seither zahlreiche aktuellere Untersuchungen gegeben hat (dazu gleich mehr), bezieht sich die folgende Darstellung auf Baerns' Studie. Diese bildet gleichsam die Blaupause der meisten Determinationsstudien, ist methodisch relativ einfach nachzuvollziehen und weist den deutlichsten Bezug zu Baerns' theoretischen Determinationsüberlegungen auf.

22 Diese Darstellung bezieht sich auf die 1970er-Jahre. Aktuelle Informationen zur Landespressekonferenz NRW findet man u.a. auf www.lpk-nrw.de sowie zur Bundespressekonferenz auf www.bundespressekonferenz.de.

April und Oktober 1978 über den Verteiler gingen, zu sammeln. Da keine Audio- oder Videoaufzeichnung von Pressekonferenzen gestattet war, fertigte Baerns selbst „themen- und ablauforientierte Protokolle" an (S. 42). Diese und andere Protokolle, weitere öffentliche Dokumente sowie die Pressemitteilungen (Tabelle 3) bildeten den Input der Studie und wurden einer quantitativen Inhaltsanalyse unterzogen.

Ergebnisse

Bei der Codierung jedes Medienberichts wurde erfasst, ob er sich auf eine vorher veröffentlichte Pressemitteilung oder eine Pressekonferenz als Primärquelle[23] bezog. Ließ sich keine PR-Quelle identifizieren, ging Baerns von journalistischer Eigenrecherche aus. Auf diese Weise wurde für jeden Beitrag ermittelt, ob er auf Öffentlichkeitsarbeit basierte oder auf journalistischer Eigenrecherche und Themensetzung.

Tabelle 4 zeigt die Befunde nach Nachrichtenagenturen und den untersuchten Mediengattungen getrennt. Tatsächlich dominierten durchgehend PR-induzierte Beiträge. Lediglich 41 Prozent der Agenturmeldungen bezogen sich auf andere Quellen und galten damit als selbst recherchiert. Bei den Nachrichtenmedien waren es noch weniger. Die Unterschiede zwischen Tageszeitungen, Radio und Fernsehen waren marginal. Die Ergebnisse stammen wohlgemerkt aus dem Jahr 1978. Damals ging es den Zeitungsverlagen wirtschaftlich gut und es gab noch kein Internet und keinen privaten Rundfunk. Deshalb beziehen sich alle Ergebnisse zu Hörfunk und Fernsehen auf den öffentlich-rechtlichen WDR.

Tabelle 4: Herkunft der Beiträge (alle Beiträge, Baerns 1991: 87)

| *Primärquelle* | **Nachrichtenagenturen** (n=826) | **Zeitungen** (n=1.768) | **Hörfunk** (n=562) | **Fernsehen** (n=347) |
|---|---|---|---|---|
| Öffentlichkeitsarbeit | 59% | 64% | 61% | 63% |
| andere Quellen | 41% | 36% | 39% | 37% |

Im zweiten Schritt galt es zu prüfen, inwiefern Medien nicht nur über einfache Sachverhalte berichten, sondern Zusammenhänge und Unterschiede zwischen Ereignissen, Fakten, Akteuren und Meinungen darstellen und den Rezipienten damit „die Welt erklären". Dazu wurde die Anzahl der verwendeten Quellen pro Beitrag ermittelt. Auch diese Analyse fiel ernüchternd aus (Tabelle 5): Gerade einmal jeder sechste Beitrag über die Landespolitik in NRW verwendete zwei oder mehr

23 Die Codiervorschrift lautete: Die Primärquelle „zeigt das Thema an, sie geht in die Überschrift ein und mindestens auch in den Vorspann" (S. 56).

Quellen. Das bedeutet gleichzeitig: Auch die PR-induzierten Berichte berücksichtigten meist keine weiteren Quellen.

Tabelle 5: Anzahl der verwendeten Quellen (alle Beiträge, Baerns 1991: 88)

| | Nachrichten-agenturen (n=826) | Zeitungen (n=1.768) | Hörfunk (n=562) | Fernsehen (n=347) |
|---|---|---|---|---|
| eine Quelle | 84% | 83% | 85% | 87% |
| zwei oder mehr Quellen | 16% | 17% | 15% | 13% |

Bekanntlich liegt ein Vorteil der Media Relations aus PR-Sicht darin, dass der Urheber der Botschaften in Medienbeiträgen ungenannt bleibt (→Kap. 3.4). Dem sollte eigentlich die journalistische Selbstverpflichtung zur Quellentransparenz entgegenwirken (→Kap. 5.4). Diese lässt sich in Nachrichten beispielsweise durch Formulierungen wie „Die Staatskanzlei gab in einer Pressemitteilung bekannt,..." oder „Wie X auf einer Pressekonferenz sagte,..." umsetzen. Wenigstens in den PR-induzierten Agenturmeldungen wurde mehrheitlich auf eine Quelle hingewiesen (Tabelle 6). Das überrascht allerdings nicht, denn Agenturmeldungen sind das ‚Rohmaterial' für die weitere journalistische Verarbeitung in den Medienredaktionen. Die Quellentransparenz der Nachrichtenagenturen liegt im Interesse ihrer Abonnenten, denn so wissen die Presse- und Rundfunkjournalisten, woher eine Meldung ursprünglich stammt. Wenn sie allerdings die Beiträge für ihr Publikum ‚veredeln', fallen die Quellenangaben häufig weg. Das gilt vor allem beim Fernsehen; dort ist in den meist kurzen Politikbeiträgen wenig Platz für solche Hintergrund-Informationen. Offensichtlich gelten Quellenangaben aber auch unter Print- und Hörfunkjournalisten als umständlich, stilistisch wenig elegant und damit verzichtbar. Somit wird die journalistische Verpflichtung zur Quellentransparenz zwar immer wieder betont, in der Praxis aber überwiegend ignoriert. Letztlich kommt das natürlich den Interessen der Medienarbeit zugute.

Während die untersuchten Medien PR-Materialien häufig ohne weitere Recherchen oder tiefergehende Überarbeitung übernahmen, bemühten sie sich um hohe Aktualität (Tabelle 7): Drei Viertel aller Agenturmeldungen und Fernsehbeiträge mit PR-Hintergrund erschienen bereits am selben Tag; Radio und – naturgemäß – Zeitungen waren etwas langsamer. Immerhin gab es in Zeitungen und im Radio auch gelegentlich nicht-tagesaktuelle Hintergrundbeiträge, die auf Öffentlichkeitsarbeit basierten (19 bzw. 16 Prozent nach mindestens vier Tagen).

Tabelle 6: Quellentransparenz (nur Beiträge aus Öffentlichkeitsarbeit, Baerns 1991: 90)

| | Nachrichtenagenturen | Zeitungen | Hörfunk | Fernsehen |
|---|---|---|---|---|
| | (n=491) | (n=1.132) | (n=340) | (n=218) |
| Quelle genannt | 55% | 28% | 33% | 17% |
| Quelle nicht genannt | 45% | 72% | 67% | 83% |

Tabelle 7: Umschlagszeiten (nur Beiträge aus Öffentlichkeitsarbeit, Baerns 1991: 89)

| | Nachrichtenagenturen | Zeitungen | Hörfunk | Fernsehen |
|---|---|---|---|---|
| | (n=491) | (n=1.132) | (n=340) | (n=218) |
| weniger als 1 Tag | 74% | -- | 63% | 76% |
| 1 Tag | 10% | 65% | 17% | 12% |
| 2 Tage | 6% | 10% | 2% | 2% |
| 3 Tage | 2% | 6% | 3% | 2% |
| 4 Tage und mehr | 8% | 19% | 16% | 7% |

Schließlich beantwortete die Studie auch die Frage, was die Journalisten mit den PR-Texten konkret gemacht oder ob sie diese lediglich als Anlass für eigene Recherchen genutzt haben. Das ist für PR-Praktiker von zentralem Interesse, da die Idee einer Pressemitteilung ja gerade darin besteht, Journalisten einen professionellen Beitrag zur Verfügung zu stellen, den sie unverändert und zeitsparend ins Angebot nehmen können. Hier erbrachte die Studie einen eindeutigen Befund (Tabelle 8): Journalisten aller Medientypen nahmen PR-Input nur sehr selten als Anlass für eigene Recherchen. Häufiger übernahmen sie Beiträge, überarbeiteten sie aber meist redaktionell, indem sie sie kürzten oder eigene Überschriften texteten.

Tabelle 8: Art der Übernahme (nur Beiträge aus Öffentlichkeitsarbeit, Baerns 1991: 89)

| | Nachrichtenagenturen | Zeitungen | Hörfunk | Fernsehen |
|---|---|---|---|---|
| | (n=491) | (n=1.132) | (n=340) | (n=218) |
| Vollständig | 12% | 5% | 6% | 3% |
| Gekürzt | 83% | 89% | 87% | 92% |
| Als Anlass | 5% | 6% | 7% | 5% |

Baerns' (1991) Fazit ihrer Studie lautete etwas kryptisch:

Fazit der Studie

- „Öffentlichkeitsarbeit hat die Themen der Medienberichterstattung unter Kontrolle. Informationen zu platzieren, Nachrichten zu initiieren, Themen zu forcieren und publizierte Wirklichkeiten so zu konturieren, ist den belegten Proportionen zufolge überwiegend Informatoren [=PR, WS], nicht Journalisten zuzusprechen. Angesichts vorgegebener Themen zeigt sich journalistische Recherche als Nachrecherche."
- „Öffentlichkeitsarbeit hat das Timing unter Kontrolle. Denn Pressemitteilungen und Pressekonferenzen lösen Medienberichterstattung unmittelbar aus. (...)
- Informationsvielfalt entsteht (...) vorwiegend durch unterschiedliche Selektion der [durch die PR, WS] vorgegebenen Themen, durch unterschiedliche Interpretation und Bewertung der vorgegebenen Ansichten, durch medienspezifisch unterschiedliche Umsetzung der vorgegebenen Angebote und nicht durch Recherche der Medienjournalisten." (S. 98)

Raupp (2009: 60ff.), eine Schülerin von Baerns, hebt in ihrer Zusammenfassung folgende drei Punkte hervor:

1. *Thematisierung:* PR bzw. Media Relations üben einen (a) inhaltlichen und (b) zeitlichen Einfluss auf die Medienberichterstattung aus. Sie beeinflussen also, *wann* die Medien *worüber* berichten.
2. *Transformation:* Journalisten erarbeiten selten Medienberichte aus eigenem Antrieb und eigener Recherche. Vielmehr neigen sie dazu, vorgegebenes PR-Material auszuwählen und medienspezifisch und publikumsgerecht anzupassen.
3. *Transparenz:* Journalisten entfernen im Zuge ihrer Transformation meist die PR-Quellenangaben, die in Agenturmeldungen meist noch vorhanden sind, sodass das Publikum keine Chance mehr hat, den ursprünglichen Urheber zu erkennen.

In der späteren PR-Literatur wurden Baerns' Befunde meist auf die Formel ‚*PR determiniert Themen und Timing der Berichterstattung*' verdichtet, und der Forschungsansatz mit dem Label *Determinationsansatz* bzw. *Determinationsthese* versehen.

## 7.2 Rezeption und Weiterentwicklung

Determinationsbegriff

Besonders der Begriff der Determination und die damit verbundene Vorstellung einer starken bzw. vollständigen Steuerung des Journalismus durch die PR haben Kritik hervorgerufen. Baerns hat selber nie von Determination gesprochen. Sie hat lediglich im Titel ihres ersten Aufsatzes (1979) die PR als „Determinante journalistischer Informationsleistungen" bezeichnet. Ob sie damit *eine* Determinante *unter anderen* oder *die* Determinante meinte, blieb offen.

Unstrittig ist, dass Baerns dem Journalismus *generell* eine ausgeprägte Passivität bzw. Willfährigkeit gegenüber der Öffentlichkeitsarbeit attestierte. Sie war damit nicht die erste. Bereits Nissen & Menningen (1977: 168) hatten den Journalismus scharf angegriffen: „Die Vorstellung vom eigenständigen, durch selbständige Recherche Nachrichten und Informationen produzierenden Journalisten ist mit einigem Recht als Mythos zu bezeichnen."

Baerns' Kritik war immerhin empirisch fundiert, denn sie basierte auf zwei Input-Output-Analysen in gänzlich unterschiedlichen Feldern: zur Wirtschaftsberichterstattung über Coca Cola und zur Politikberichterstattung. Dennoch war auch diese Datengrundlage für die pauschale Diagnose eines journalistischen Systemversagens sicherlich zu schmal, zumal beide Studien die regionale Berichterstattung in einem einzigen Bundesland zu Gegenstand hatten. Wir werden im Anschluss eine Reihe relevanter Einflussfaktoren erläutern, die Baerns in ihren Pionierstudien nicht berücksichtigt hat.

Determinationsthese ist keine Hypothese

Andernorts formulierte Baerns (1991: 17) ihre Einfluss-Hypothese äußert vorsichtig: „Öffentlichkeitsarbeit hat erfolgreich Einfluss geübt, wenn das Ergebnis der Medienberichterstattung ohne diese Einflussnahme anders ausgesehen hätte". Von PR-Einfluss ist also bereits dann zu sprechen, wenn die Medienberichterstattung in irgendeiner Weise durch PR verändert wird. Eine so formulierte Hypothese ist eigentlich weltfremd, denn ohne Informationen aus Organisationsquellen und damit PR kann Journalismus kaum funktionieren. Überhaupt muss eine *Hypothese* immer falsifizierbar sein. Es müsste also Bedingungen geben, unter denen Medienberichterstattung völlig unabhängig und frei von Informationen aus Organisationen ist. Da das nicht vorstellbar ist, sollte man nicht von Determinationshypothese sprechen, wie das gelegentlich getan wird (vgl. ebenso Bentele & Nothhaft 2008). Es geht nicht um die Frage, *ob* es einen PR-Einfluss auf Journalismus gibt (im Sinne von wahr oder falsch), sondern um die Frage nach der Stärke des Einflusses und der Bedingungen.

Determination als Funktion oder Dysfunktion

Und es geht um die Interpretation der Ergebnisse. Baerns interpretierte den PR-Einfluss auf die Berichterstattung grundsätzlich als journalistisches Versagen (Dysfunktion). Man kann die Befunde aber auch umgekehrt interpretieren: Wie ausführlich gezeigt, sind Media Relations entstanden, um die Zusammenarbeit zwischen Organisationen und Journalisten, etwa bei deren Recherche, zu erleichtern (→Kap. 3.3). Wir haben auch gesehen, dass die PR eine wichtige gesellschaftliche

Funktion erfüllen: Sie ermöglichen es Organisationen, an öffentlichen Diskursen teilzunehmen und dort diskussionswürdige Themen einzubringen (→Kap. 3.2). Determination bedeutet in diesem Sinne, dass es einer Organisation gelingt, ihre Position öffentlich zu vertreten. So betrachtet ist Determination für die öffentliche Meinungsbildung hilfreich und funktional.

Donsbach (1997) stellt den Konflikt zwischen den empirischen Ergebnissen der Determinationsforschung und ihrer normativen Interpretation[24] als Tabelle mit vier unterschiedlichen Thesen dar (Tabelle 9). Auch wenn man einen PR-Einfluss auf die Berichterstattung als *Repräsentation* von Organisationen und damit als positiv und funktional interpretiert, ändert das nichts am Problem der Quellen*in*transparenz. Denn wenn Organisationen ihre Meinungen und Inhalte unbemerkt in den öffentlichen Diskurs einspeisen und diesen mitprägen, ist das eindeutig dysfunktional.

Tabelle 9: Interpretation der Determinationsergebnisse (nach Donsbach 1997)

| | | *Normative Interpretation:* PR-Einfluss auf Medieninhalte ist... | |
|---|---|---|---|
| | | ...funktional | ...dysfunktional |
| *Empirischer Befund:* PR-Einfluss auf Medieninhalte ist... | ...stark | Repräsentationsthese | Determinationsthese |
| | ...schwach | Medien-Monopol-These | Abwehr-These |

Weitere Kritik

Kritik bezog sich auch auf Baerns' methodisches Vorgehen und ihre darauf basierenden Interpretationen: Obwohl die Input-Output-Analysen nur Pressematerial erfassten, leitete Baerns daraus teilweise Aussagen über journalistische Produktionsabläufe und -bedingungen ab (vgl. Raupp 2008: 199). Natürlich ist es plausibel anzunehmen, dass Redaktionen Pressemitteilungen verstärkt übernehmen, um Zeit und Personal zu sparen. Dennoch können auch andere Gründe dafür verantwortlich sein, z.B. eine zunehmende Professionalisierung des PR-Inputs. Ferner wurde die Einseitigkeit des Ansatzes kritisiert, der lediglich die Beeinflussung des Journalismus durch die PR thematisiert, Effekte in die Gegenrichtung, also vom Journalismus zur PR, jedoch ignoriert. Kritik fand auch die einseitige Perspektive mit „einer tendenziell manipulierenden, propagandistischen, alleine dem Erfolg ver-

24 Normative Interpretation bedeutet in diesem Fall: Wollen wir als Gesellschaft, dass die PR einen Einfluss auf den Journalismus ausübt, oder wollen wir das nicht?

pflichteten und damit insgesamt tendenziell gefährlichen Öffentlichkeitsarbeit und eines gesellschaftlich wertvollen, ethisch hochwertigen und selbstlosen Journalismus" (Altmeppen et al. 2004: 9). Schließlich wurde Baerns' Annahme moniert, dass PR und Journalismus konkurrierende Systeme seien. Der Ansatz ignoriert tatsächlich die Möglichkeit, so Ruß-Mohl (2000: 3), dass „beide Seiten, also PR-Leute und Journalisten, beispielsweise durch symbiotisches Verhalten gemeinsam ihre Macht steigern." Alle genannten Kritikpunkte versucht der Intereffikationsansatz zu beheben (→Kap. 8).

Aller Kritik zum Trotz legte Baerns mit ihrem Determinationsansatz den Finger auf die journalistische Abhängigkeit von der PR als gesellschaftliches Problem, das sich seither deutlich verschärft hat (→Kap. 5.3). Vor allem für die PR-Forschung hatte Baerns' Pionierstudie einen „Katalysator-Effekt" (Hoffjann 2007: 127). Nach ihrer Veröffentlichung wuchs die Forschung zum Verhältnis zwischen PR und Journalismus stark an. Dutzende akademische und angewandte Studien haben seither die Determination des Journalismus durch die Media Relations empirisch untersucht.

Unterschiedliche Forschungsinteressen

Hinter Determinationsstudien stehen zwei unterschiedliche Forschungsinteressen: Die *Kommunikationswissenschaft* möchte wie Baerns wissen, inwiefern die Objektivität bzw. Neutralität der Berichterstattung von PR beeinflusst und damit die Unabhängigkeit des Journalismus gefährdet wird. Die *PR-Praxis* hingegen fragt, wie erfolgreich und effizient PR bei der Erzeugung von Medienresonanz ist. Dass sich die PR-Praxis in den letzten Jahren intensiv mit der Erfolgskontrolle von Kommunikationsmaßnahmen und hier besonders mit Medienresonanz beschäftigt hat, hat mehrere Gründe: Erstens wurde der Einsatz sozialwissenschaftlicher Methoden in der PR-Evaluation generell verstärkt; die zahlreichen neuen Bände zur angewandten PR-Evaluation bestätigen das (Besson 2004; Van Ruler et al. 2008; Zerfaß & Pfannenberg 2009; Raupp & Vogelgesang 2009). Zweitens führte die Professionalisierung des Felds dazu, dass kommunikationswissenschaftliche Erkenntnisse verstärkt in die PR-Praxis einfließen. Drittens ist besonders in größeren Unternehmen der Druck gestiegen, die Effektivität und Effizienz der PR zu überprüfen und nachzuweisen.

Presse-Clipping und Resonanzanalyse

Dabei existierte eine einfache Form der Erfolgskontrolle in den Media Relations schon lange vor der Determinationsforschung: Beim sog. Presse-Clipping werden alle Medienberichte über eine Organisation, ihre Akteure oder Themen (=Output) gesammelt, ausgezählt und teilweise auch inhaltsanalytisch ausgewertet (z.B. nach Themen, Marken, Produkten, Akteuren oder Bewertungen). Ein Vergleich mit dem PR-

Input findet allerdings nicht statt. Im Grunde hat Baerns also nichts anderes getan, als eine gängige Praxis der PR-Evaluation in die akademische Forschung einzubringen, weiterzuentwickeln (Kombination von Input und Output) und theoretisch zu unterfüttern.

Dabei gibt es einen Unterscheid zwischen kommunikationswissenschaftlichen Determinationsanalysen und den in der PR-Praxis üblichen Resonanzanalysen (ausführlich Raupp & Vogelgesang 2009):

- *Determinationsanalysen* erfassen die journalistische Leistung, indem sie den PR-Input mit der gesamten Berichterstattung über eine Organisation, ihre Akteure oder Themen vergleichen. Die Determinationsquote drückt dann aus, wie hoch der Anteil PR-induzierter Berichte an der relevanten Gesamtberichterstattung ist.
- *Resonanzanalysen* untersuchen, welche Pressemitteilungen von Massenmedien wie häufig aufgegriffen und weiterverwendet werden. Sie erlauben damit Aussagen über die Effektivität einzelner Pressemitteilungen, Footage-Angebote oder sonstiger Media Relations-Inhalte. Die Resonanzquote erfasst, wie viel Prozent aller verbreiteten Media Relations-Inhalte sich in den Medien wiederfanden.

Folgestudien

Während Baerns in ihrer NRW-Studie eine durchschnittliche Determinationsquote von 62 Prozent fand, ermittelten spätere deutschsprachige Studien Determinationsquoten zwischen sieben und 84 Prozent. Auch bei den Resonanzquoten gab es gewaltige Unterschiede, sie lagen zwischen elf und 65 Prozent.[25] Das mag auf den ersten Blick überraschen. Macht man sich jedoch klar, wie unterschiedlich die Settings sind, die in Determinationsstudien analysiert werden, wirken die Abweichungen plausibel. Das wird besonders deutlich bei den untersuchten Themen der Berichterstattung. Beispielsweise wird die PR von Vattenfall (als Input) die Berichterstattung über das Unternehmen selbst (als Output) weitaus stärker determinieren als die gesamte Berichterstattung über das Thema Kernenergie.

Allgemeine Determinationsstudien

Während sich die weitaus meisten Determinationsstudien auf konkrete Bereiche beschränken (Themenfelder, Unternehmen usw.), untersuchen zwei neuere Studien die PR-Determination der *gesamten* Berichterstattung in einer Medienstichprobe.

Lewis et al. (2008) haben in zwei Untersuchungswochen im Jahr 2006 die gesamte nationale Berichterstattung in fünf britischen Qualitätszeitungen (n=2.207 Artikel in Guardian, The Times, Independent,

25 Datengrundlage ist der tabellarische Überblick bei Raupp & Vogelgesang (2009: 64 f.). Weitere Übersichten finden sich bei Schantel (2000), Wehmeier (2004: 208) und Riesmeyer (2007) sowie bei Cameron et al. (1997: 132ff.) zur internationalen Forschung.

Daily Telegraph und Daily Mail) sowie in TV- und Radionachrichten (n=402 Meldungen in BBC Radio 4, BBC News, ITV News und Sky-News) nach PR-Spuren durchsucht. Da es keine Einschränkung auf ein bestimmtes Themengebiet oder eine Organisation gab, wie in Determinationsstudien sonst üblich, wären niedrigere Determinationsquoten zu erwarten gewesen. Die Ergebnisse waren jedoch niederschmetternd: Etwa die Hälfte *aller* Zeitungs-, TV- und Radiobeiträge ließ sich ganz oder teilweise auf PR-Inhalte zurückführen. Wenn PR-Inhalte übernommen wurden, versuchte nur jeder zweite Zeitungsbeitrag, diese Informationen zumindest kurz mit anderen Fakten oder Meinungen abzugleichen bzw. zu kontextualisieren. Das Fazit der Autoren erinnert frappierend an das düstere Resümee von Nissen & Menningen (1977: 168): „Taken together, these data portray a picture of the journalistic processes of news gathering and news reporting in which any meaningful independent journalistic activity by the media is the exception rather than the rule“ (Lewis et al. 2008: 21).

Eine vergleichbare deutsche Studie führten Haller & Hiller (2005; zit. n. Schnedler 2008: 3) durch. Sie durchsuchten in den Jahren 2000, 2002 und 2004 (dort jeweils viertes Quartal) sechs Regionalzeitungen nach PR-Spuren. Diese wurden definiert als „Texte, die aus Sicht der Zeitungsleser von der Redaktion verfasst sind, die jedoch ein Thema, ein Produkt, eine Marke oder eine Dienstleistung einseitig positiv als Tatsache darstellen und keine diese positive Einschätzung überprüfende Recherche erkennen lassen.“ Wie zu vermuten, zeigte sich im Zeitverlauf ein Trend hin zu mehr PR-Einfluss, der Anteil PR-basierter Artikel lag allerdings bei allen deutschen Zeitungen unter 20 Prozent. In Anbetracht der jüngsten Zeitungskrise steht zu befürchten, dass sich die Verhältnisse auch in Deutschland seit 2004 den britischen angenähert haben. Die Autoren der Studie stellen immerhin fest, dass es trotzdem Redaktionen gibt, die den Versuchungen der Media Relations widerstehen: „So manches Ressort hält trotz Personalverknappung und Anzeigendruck am journalistischen Prinzip Unabhängigkeit fest und widersteht den Begehrlichkeiten der kommerziellen Kundschaft – im Unterschied zu manch anderer Zeitung, die trotz guter Personalausstattung und volumigem Anzeigenteil einen geradezu peinlichen Gefälligkeitsjournalismus praktiziert.“ (o.S.).

### 7.3 Einflussfaktoren

Die Forschung hat vier Gruppen von Einflussfaktoren ermittelt, die die Determination bzw. Resonanz von PR beeinflussen: Am besten untersucht sind die Eigenschaften der Pressemitteilung selbst. Daneben gibt es Befunde zur Art der kommunizierenden Organisation, zum adressierten Medienressort sowie zur Kommunikationssituation. Diese Effekte schauen wir uns in den folgenden zwei Kapiteln an.

Nachrichtenwert

Je höher der *Nachrichtenwert* einer Pressemitteilung ist (→Kap. 4.3), desto mehr Medienresonanz erzeugt sie (vgl. z.B. Barth & Donsbach 1992; Hong 2008). Gazlig (1999) konnte die Bedeutung folgender Nachrichtenfaktoren empirisch bestätigen:

- die *Reichweite* bzw. *Relevanz* des in der Pressemitteilung angesprochenen Ereignisses oder Themas (Anzahl Betroffener),
- den Zusammenhang zwischen dem Ereignis/Thema und den in der aktuellen Berichterstattung *etablierten Themen* (Agenda Surfing, →3.5),
- die Thematisierung von *Schaden* oder Misserfolg (*Negativismus*) sowie
- die räumliche Nähe zwischen Ereignisort und Medienredaktionen.

Personalisierung

Auch *Personalisierung* spielt eine große Rolle (Seidenglanz & Bentele 2004: 116), Journalisten sind immer bestrebt, auch abstrakte Themen, wie z.B. die Kursentwicklung eines Unternehmens, durch den ‚menschlichen Faktor' für die Rezipienten interessanter zu machen. Deshalb sollte eine Pressemitteilung zu einem wenig attraktiven Thema auch – im Idealfall prominente – Personen und ihre Zitate enthalten.

Nachrichtenqualität

Auch der Effekt der *Nachrichtenqualität* (→Kap. 4.3) konnte bestätigt werden: Je professioneller eine Pressemitteilung inhaltlich und formal ist, desto besser und leichter können Journalisten sie für ihre Berichterstattung weiterverwenden, desto eher übernehmen sie diese (Bentele & Nothhaft 2004: 96) und desto weniger überarbeiten sie sie (Seidenglanz & Bentele 2004: 117 f.). Weitere Anhaltspunkte liefert eine Studie von Harris (1961), in der 22 Wirtschaftsredakteure nach ihren Gründen für die Annahme bzw. Übernahme von 1.553 eingegangenen Pressemitteilungen befragt wurden. Laut ihrer Auskunft sank die Übernahmewahrscheinlichkeit bei zu langen Pressemitteilungen, fehlenden Informationen, unklarem Fokus, fehlender Aktualität, schlechtem Schreibstil und schlechter Lesbarkeit (zu viele Nominal- und Passiv-Konstruktionen, zu lange und komplexe Wörter und Sätze usw.), schlechten Bildern und fehlender Relevanz (ähnlich Walters et al. 1994; Warren & Morton 1991). Ebenfalls negativ wirkte es sich aus, wenn eine Organisation zu viele Mitteilungen versendete. Die Befragten äußerten sogar, dass die Glaubwürdigkeit einer Organisation unter zu vielen und zu schlechten Pressemitteilungen leidet.

Weitere Erfolgsfaktoren finden sich in der Praktikerliteratur. Dort heißt es beispielsweise, Pressemitteilungen sollten maximal eine A4-

Seite lang sein, Zitate enthalten, möglichst neutral gehalten und frei von ‚Werbephrasen' oder ‚Marketingsprache' sein (Bland et al. 2005: 74).

Thema

Morton (1986) untersuchte den Einfluss des *Themas* in 408 Pressemitteilungen der Oklahoma State University auf ihre Resonanz in den damals 191 Zeitungen in Oklahoma. Mit Abstand am ehesten abgedruckt wurden PR-Texte mit konkreten Verbraucherinformationen: 24 Prozent aller Pressemitteilungen mit ‚news you can use' wurden in mindestens einer Zeitung aufgegriffen. Es folgten Event-Ankündigungen mit 15 Prozent. Deutlich weniger Resonanz erzeugten Beiträge über Forschungsergebnisse und Institutionen.

Überschriften

Eine wesentliche Rolle spielen auch die Überschriften von Pressemitteilungen. Diese sollten nicht etwa besonders überraschend oder kreativ sein, sondern prägnant. Denn Journalisten erhalten täglich unzählige Pressemitteilungen, die sie mehr oder weniger gründlich durchsehen. Je schneller sie den Inhalt einer Pressemitteilung erfassen können, desto höher ist deren Übernahmechance (Seidenglanz & Bentele 2004: 117).

Für Pressemitteilungen, die online versandt und auf der Organisations-Website angeboten werden (meist im Pressebereich), nennen Praktiker weitere Regeln wie Überschriften und Zwischentitel mit signifikanten und suchmaschinenkompatiblen Keywords, die Verwendung von Keywords auch im Haupttext oder Links zur Organisations-Website (Vorvoreanu 2008).

Eigenschaften der Organisation

Je ausgeprägter der *Status einer Organisation*, je größer also ihre gesellschaftliche Relevanz, Größe und Bekanntheit, desto eher übernehmen Medien ihre Pressemitteilungen (Saffarnia 1993). In diesem Zusammenhang werden auch die Reputation und das Image von Organisationen diskutiert: Es ist davon auszugehen, dass Journalisten eher Pressemitteilungen von Organisationen mit hoher professioneller Reputation und gutem Image berücksichtigen.

Ressort

Riesmeyer (2007) konnte empirisch bestätigen, dass das zuständige *Ressort* den Erfolg von Medienarbeit beeinflusst. Der Lokaljournalismus neigt stärker zu einer unkritischen Übernahme von PR-Material als die überregionale Presse. Im politischen Feld beeinflusst auch die redaktionelle Linie von Medien bzw. die politische Einstellung der Journalisten die Übernahme von Pressemitteilungen (vgl. Donsbach & Wetzel 2002; Kepplinger & Maurer 2004). Allerdings ist der PR-Einfluss bei politischen Nachrichten generell geringer als bei anderen Themen (Wirtschaft, Umwelt, Gesundheit, Unterhaltung, Sport usw.), wie Lewis et al. (2008) für britische Medien bestätigen konnten. Auch in den Ressorts Reisen und Auto wurden überdurchschnittliche Determinationsquoten ermittelt (Haller & Hiller 2005).

Wie bereits bei Baerns angesprochen, sind *Presseagenturen* wie die dpa ein besonders wichtiger und effizienter Verbreitungskanal für Pressemitteilungen. Höhn (2005; zit. n. Schnedler 2008: 4) analysierte eine Woche lang das eingehende PR-Material und den dpa-Output in den Landeshauptstadtbüros Dresden, Düsseldorf und Stuttgart sowie in den dpa-Außenbüros Chemnitz, Bielefeld und Ulm. Die dpa-Büros verwendeten zwar nur 17 Prozent des eingehenden PR-Materials, bestritten daraus jedoch mehr als die Hälfte ihres Outputs – weit überwiegend als sog. One-Source-Storys, also ohne Berücksichtigung weiterer Quellen.

Kommunikationssituation

Von Bedeutung ist schließlich die *Kommunikationssituation*. Hier stehen vor allem Krisensituationen wie Umweltkatastrophen, Massenentlassungen oder Politiker-Skandale im Mittelpunkt des Interesses. Seidenglanz & Bentele (2004: 114) fanden in einer Input-Output-Analyse heraus, dass Pressemitteilungen politischer Akteure in Sachsen doppelt so häufig von den dortigen Zeitungen aufgegriffen wurden, wenn sie ein krisenhaftes Thema behandelten. Bei Krisenthemen verkürzte sich auch der Zeitraum zwischen dem Versand der Pressemitteilung und einer Medienveröffentlichung (S. 116). Allerdings gehen Journalisten in Krisensituationen mit den PR-Inhalten einer Organisation kritischer um und recherchieren stärker nach als in Alltagsphasen (Barth & Donsbach 1992; Kepplinger 1999).

Auch die generelle Ereignislage spielt eine Rolle: In ereignisarmen Jahreszeiten (‚Saure-Gurken-Zeit', ‚Sommerloch') ist die Neigung von Journalisten, eine Pressemitteilung zu übernehmen, sicherlich größer als in ereignisreichen Phasen, in denen eine stärkere Konkurrenz zwischen Themen herrscht.

### 7.4 Andere Media Relations-Instrumente

Bisherige Determinationsstudien haben ausschließlich Pressemitteilungen und gelegentlich Pressekonferenzen (inkl. Pressemappen) untersucht.

Instrumente für Printmedien

Zu anderen manifesten Instrumenten wie Fachartikeln, Gastkommentaren oder Interviews (→Kap. 3.4) existieren keine Determinationsstudien. Das liegt zum einen daran, dass Fachartikel von Organisationsvertretern zwar in Branchen- und Fachmedien von eminenter Bedeutung sind, der Fachjournalismus allerdings von der Kommunikationswissenschaft weitgehend ignoriert wird. Zum anderen sind diese Instrumente aus gesellschaftlicher Sicht weniger problematisch als

Pressemitteilungen, weil in der Medienberichterstattung meist der Urheber angegeben wird und Quellentransparenz herrscht.

Ein wichtiges latentes Instrument sind Hintergrundgespräche zwischen Organisationsvertretern und Journalisten. Sie sind vor allem in der Politik relevant (→Kap. 9.2). Hier besteht das Hindernis für Determinationsforscher jedoch darin, dass sie den Inhalt der meist vertraulichen Gespräche nicht erfahren, geschweige denn inhaltsanalysieren können. Das gilt auch für andere Instrumente wie Roadshows oder Pressereisen.

Ohnehin gibt es bei den meisten latenten Media Relations-Instrumenten (z.B. Hintergrundgespräche, Roadshows, Pressereisen, persönliche Kontakte, Testprodukte) keine unmittelbare, inhaltliche Entsprechung zwischen PR-Input und Medien-Output. Eine solche Entsprechung ist jedoch eine methodische Voraussetzung für Determinationsstudien mit Input-Output-Inhaltsanalyse.

Bentele & Nothhaft (2004: 83) stellen mehrere Leipziger Abschlussarbeiten vor, die versucht haben, den Effekt von Pressemitteilungen mit anderen manifesten Instrumenten zu vergleichen. Es zeigte sich, dass der Anteil ‚sicher oder wahrscheinlich durch Pressemitteilungen angeregter Medienbeiträge' in zwei Studien deutlich geringer war als der Anteil von Beiträgen, die ‚sicher oder wahrscheinlich durch anderes PR-Material angeregt' worden waren. In einer dritten Studie war es umgekehrt. Hieraus kann man schließen, dass Pressemitteilungen auch weiterhin ein wichtiges Instrument der Medienarbeit sind, aber nicht das einzig wirkungsvolle.

Footage

Ein weiteres manifestes und damit empirisch messbares PR-Instrument ist Audio-/Video-Footage für TV, Radio und Online-Medien. Die PR bietet mittlerweile Radioredaktionen komplett sendefähige Beiträge an: mit An- und Abmoderation, professionellen Sprechern, teilweise sogar mit mehreren Längenvarianten. Es gibt separate O-Töne für Fake-Interviews, Manuskripte für Kollegengespräche oder vorproduzierte Kurzthemenblöcke mit angeblichen Servicemeldungen. Tatsächlich wird das PR-Material sowohl im privaten wie im öffentlich-rechtlichen Rundfunk gesendet (Volpers et al. 2008). Wie Fallbeispiel 3 illustriert, gelingt es PR-Agenturen auch, ihr Material und damit die Botschaften ihrer Kunden bei TV-Sendern unterzubekommen und dort ohne Nennung der Quelle erhebliche Reichweiten zu erzielen. Auch Online-Medien übernehmen gern Video-Material aus PR-Quellen. Das bestätigte im Sommer 2010 eine Befragung von news aktuell. Demnach verwenden knapp 30 Prozent der befragten Online-Journalisten komplette PR-Videos für die Berichterstattung (Goeßmann 2011: 23). Darüber hinaus gibt es in diesem Bereich so gut wie keine Determinationsstudien.

## Fallbeispiele

**Fallbeispiel 3: Tele-PR-Agentur Mhoch4**

„Familie Dressler hat sich um einen Küchentisch versammelt, vor sich einen Laptop. Man suche schon lange nach einer bezahlbaren Eigentumswohnung, vergeblich. Dann habe man von Zwangsversteigerungen gehört. Die Kamera fährt Häuserfassaden in Frankfurt am Main ab. Zwangsversteigerungen seien der Schlüssel zu günstigem Wohnraum, kommentiert der Reporter im N24-Beitrag im April 2007. Ein Mitarbeiter der Dresdener Bank erklärt im Originalton, wie man das Ganze zudem sicher finanziere." N24 bezog das Video-Material als sog. Footage umsonst von der Tele- PR-Firma Mhoch4. Auftraggeber war die Dresdener Bank. Mhoch4 hat den Beitrag produziert, N24 übernahm ihn geringfügig gekürzt inklusive Originalton.

Zum Output des Beitrags: Das interne Mhoch4-Reporting verzeichnet 18 Ausstrahlungen des Beitrags mit einer Gesamtreichweite von ca. 2,3 Mio. Zuschauern. Daraus errechneter Bruttomediawert: 182.000 Euro (Summe, die die Dresdener Bank für klassische Werbung hätte aufwenden müssen, um eine vergleichbare Medienpräsenz zu erzielen.)

Auf der Mhoch4-Homepage heißt es: „Voraussetzung für mediale Berücksichtigung von unternehmensbezogenen Botschaften im Fernsehen ist die nicht-werbliche, journalistische Aufbereitung, um den redaktionellen Ansprüchen bei Sendern und Redaktionen gerecht zu werden. (...) Mhoch4 entwickelt unter journalistischen Gesichtspunkten gemeinsam mit den Auftraggebern Storylines zu kundenrelevanten Themen und stellt die qualitativ hochwertige Produktion sicher. Die fertigen Beiträge werden den verschiedenen Redaktionen im Inland kostenfrei zur Verfügung gestellt."

*Quelle: Goeßmann (2011: 19)*

# 8. Symbiose und wechselseitige Einflüsse: Intereffikation

## 8.1 Ausgangspunkt und Überblick

Ausgangspunkt

Im Gegensatz zu Baerns, die beim Journalismus, dessen unterstelltem Versagen und den Folgen für die Demokratie ansetzte, stand bei Bentele und Kollegen die PR im Mittelpunkt. Ihr Ansatz entstand in den 1990er-Jahren gleichsam als Abfallprodukt einer praktischen Auftragsstudie zur kommunalen PR und Medienarbeit in Leipzig und Halle. Während der Planung wurde den Forschern schnell klar, dass der Determinationsansatz – lange Jahre die einzige Theorie zum Verhältnis zwischen PR und Journalismus – nur einen Ausschnitt der in dem Projekt zu untersuchenden Phänomene darstellte. Deshalb entwickelten sie ein eigenes Modell. Es stellt die Beziehung zwischen PR und Journalismus auf mehreren Ebenen in einem sinnvollen Zusammenhang dar und führt neue, weniger missverständliche Begriffe ein.[26]

Intereffikation

Während Baerns lediglich einseitige Einflüsse der PR auf den Journalismus untersucht hatte, betonten Bentele et al. die gegenseitige Beeinflussung und Unterstützung. In Anlehnung an das lateinische ‚intereffícere' wählten sie den Begriff *Intereffikation* für eine ‚wechselseitige Ermöglichung' zwischen PR und Journalismus. Das sollte unterstreichen, dass beide Systeme aufeinander angewiesen sind und ohne das jeweils andere System nicht existieren können (Bentele 2008 b).

zwischen Handlungs- und Systemtheorie

Der Begriff Intereffikation wurde auch zur Vermeidung eines der vorher üblichen Ausdrücke Wirkung, Beeinflussung oder Determination gewählt. Denn diese betonen erstens eine *einseitige* Beeinflussung. Zweitens stammen sie aus der handlungstheoretischen Tradition (→Kap. 6.2). Nun war aber Journalismus- und PR-Forschung zum damaligen Zeitpunkt systemtheoretisch dominiert. Die Systemtheorie lehnt den Wirkungsbegriff jedoch ab und bevorzugt Konzepte wie strukturelle Koppelung, Steuerung oder Interpenetration (→Kap. 6.4). Der Begriff Intereffikation symbolisierte damit einerseits eine Abkehr von der Handlungstheorie, die man als der sozialen Komplexität in Organisationen unangemessen empfand. Gleichzeitig zeigt der Begriff eine gewisse Nähe zur Systemtheorie, ohne sich streng an Luhmanns Basistheorie zu halten.

26 Unter http://www.univie.ac.at/Publizistik/BenteleVideo.htm erläutert Günter Bentele in einem 70-minütigen Gespräch mit Roland Burkart u.a. die Entstehung des Intereffikationsansatzes.

**Akteure**

**Günter Bentele**, geboren 1948 in Heimenkirch (Bayern), Studium der Germanistik, Linguistik, Soziologie, Publizistikwissenschaft und Philosophie in München und Berlin. Promotion 1982 mit einer Arbeit zur Semiotik (Zeichen und ihre Bedeutung); 1989 Habilitation zur Glaubwürdigkeit von Massenmedien an der FU Berlin.

1989 bis 1994 Professor für Kommunikationswissenschaft/Journalistik an der Otto-Friedrich-Universität Bamberg, seit 1995 Professor für Öffentlichkeitsarbeit/Public Relations an der Universität Leipzig. 1995 bis 1998 Vorsitzender der Deutschen Gesellschaft für Publizistik- und Kommunikationswissenschaft. 2005 Präsident der europäischen Vereinigung der PR-Wissenschaftler Euprera. 2004 Branchenpreis „PR-Kopf des Jahres" der Deutschen Public Relations Gesellschaft, 2007 „Professor des Jahres 2007".

Bentele war von Anfang an auch als PR-Berater tätig.

*(Bildquelle: http://www.manager-magazin.de/unternehmen/it/0,2828,518979-2,00.html)*

1. Ebenen

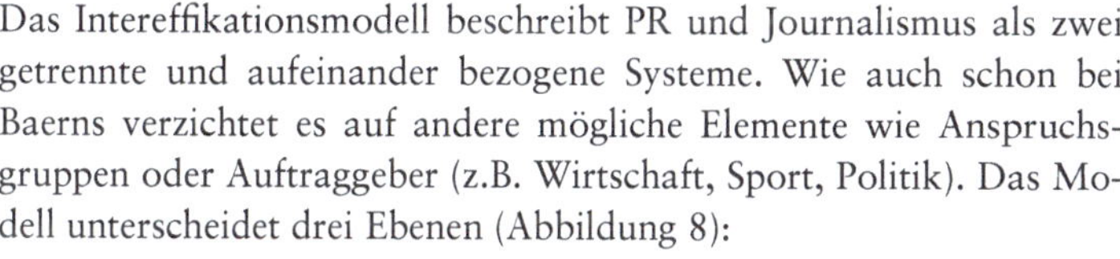

Das Intereffikationsmodell beschreibt PR und Journalismus als zwei getrennte und aufeinander bezogene Systeme. Wie auch schon bei Baerns verzichtet es auf andere mögliche Elemente wie Anspruchsgruppen oder Auftraggeber (z.B. Wirtschaft, Sport, Politik). Das Modell unterscheidet drei Ebenen (Abbildung 8):

- eine *Systemebene* mit den Systemen bzw. Professionen PR und Journalismus (Makroebene),
- eine *Organisationsebene mit* Medienunternehmen bzw. -redaktionen einerseits und PR-treibenden Organisationen andererseits (Mesoebene) sowie
- eine *Individualebene* mit PR- und Medienakteuren bzw. Journalisten (Mikroebene).

Die drei Ebenen verdeutlichen, dass sich das Verhältnis zwischen PR und Journalismus nicht nur auf der (handlungstheoretischen) Individualebene abspielt, sondern eben auch auf der Ebene von Organisationen sowie gesamten Professionen. Eine Tageszeitung wie die taz wird z.B. mit PR-Material von Greenpeace oder den Grünen freundlicher umgehen als mit einer Pressemitteilung der CDU oder einem Atomenergieunternehmen. Zwar sind es auch hier Individuen, die im konkreten Fall handeln. Dennoch werden sich taz-Redakteure weitgehend gemäß der Linie ihres Blattes verhalten, sodass hier die Organisationsebene dominiert. Die Systemebene schließlich ist dann relevant, wenn sich PR-Tätige und Journalisten generell nach den Regeln ihrer

Systeme verhalten. Die strukturelle Kopplung zwischen PR und Journalismus (→Kap. 6.4) findet deshalb auf der Systemebene statt. Hier passen sich nicht nur einzelne Personen oder Organisationen aneinander an, sondern zwei Professionen.

**Modell**

Abbildung 8: Intereffikationsmodell (Bentele et al. 1997 b: 242)

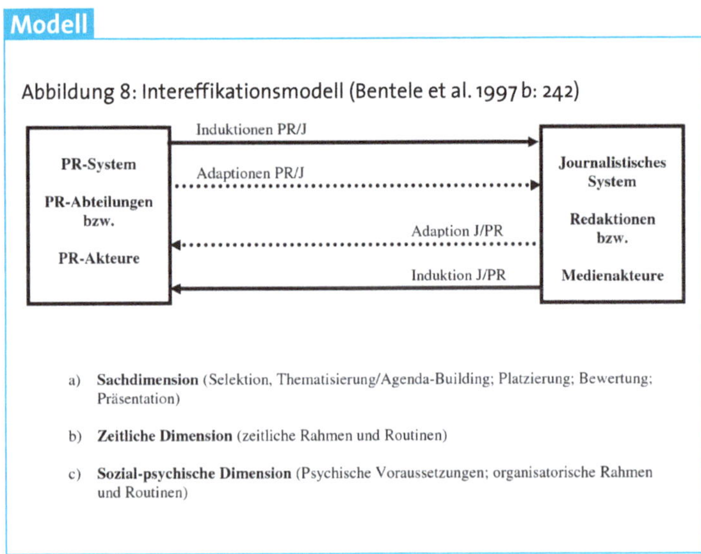


2. Dimensionen

Das Intereffikationsmodell unterscheidet weiter drei Dimensionen:

- eine *Sachdimension* mit sämtlichen erfassbaren Produkten der Zusammenarbeit zwischen PR und Journalismus, also PR-Inputs und Medien-Outputs.
- eine *Zeitdimension*, die zeitliche Verhältnisse umfasst sowie
- eine *sozial-psychische Dimension*, die Strukturen und Routinen in beiden Professionen und in konkreten Organisationen beschreibt sowie die Beziehungen zwischen Journalisten und PR-Leuten.

Die Sach- und die Zeitdimension entsprechen Themen und Timing aus der Determinationsformel (‚PR determiniert *Themen* und *Timing* der Berichterstattung'). Die sozial-psychische Dimension ist neu. Während der Determinationsansatz nur den inhaltlichen (manifesten) Input und Output berücksichtigt, umfasst diese Dimension auch alle (latenten) Kontakte und Interaktionen zwischen den Akteuren.

3. Beziehungen

Das Intereffikationsmodell unterscheidet schließlich zwei Beziehungstypen. Was Baerns als Determination bezeichnet hatte, nannten Bentele und Kollegen *Induktion*. Damit sollte die wenig fruchtbare Diskussion um den missverständlichen Determinationsbegriff beendet werden. Während Determination nach landläufiger Meinung lediglich eine Einbahnstraße von der PR hin zum Journalismus beschreibt, wirken Induktionen in beide Richtungen: Nicht nur die PR beeinflusst den Journalismus, sondern auch der Journalismus die PR.

- Konkret definierten die Autoren *Induktionen* als beabsichtigte, gerichtete Kommunikationsanregungen bzw. -einflüsse, die von einer Seite ausgehen und zu beobachtbaren Wirkungen auf der anderen Seite führen können.
- Beide Seiten können die andere Seite nur beeinflussen, indem sie sich an deren Strukturen, Routinen, Kenntnisse und Erwartungen anpassen. Dieses kommunikative und organisatorische Anpassungshandeln heißt *Adaption.*

Tabelle 10 stellt die zwei Beziehungstypen für jeweils beide Richtungen und die genannten drei Dimensionen mit einigen Beispielen dar.

Tabelle 10: Intereffikationsansatz – Wirkungen, Dimensionen, Beispiele und eine Einordnung der Determinationseffekte

| | **Induktion** | | **Adaption** | |
|---|---|---|---|---|
| | **PR beeinflusst Journalismus** | **Journalismus beeinflusst PR** | **PR passt sich Journalismus an** | **Journalismus passt sich PR an** |
| Sachdimension | ■ Themensetzung (Agenda Building)<br>■ Bewertung von Sachverhalten, Personen, Ereignissen<br>≈ *Determination: inhaltliche Thematisierung* | ■ Themenselektion/-platzierung/-gewichtung<br>■ Journalistische Eigenbewertung<br>■ Veränderung (Vervollständigung, Nachrecherche, Entfernung Quelle)<br>■ Framing<br>■ eigene Recherche<br>≈ *Determination: Transformation & Transparenz* | ■ Einsatz von Nachrichtenfaktoren in Pressemitteilungen<br>■ hohe Nachrichtenqualität<br>■ Agenda Surfing | --- |
| Zeitdimension | ■ Zeitpunkt der Berichterstattung bestimmen<br>≈ Determination: Timing | ■ vorgegebener Redaktionsschluss usw. | ■ Anpassung an Redaktionsschluss, Heftplanung usw. | ■ Besuch Pressekonferenz<br>■ Pressereise-Termin einhalten |
| Sozialpsychische Dimension | --- | --- | ■ persönliche Beziehungen<br>■ Anpassung an journalistische Routinen | ■ persönliche Beziehungen<br>■ Embedded Journalists |

Determination vs. Intereffikation

Bentele selbst hat wiederholt darauf hingewiesen, dass das Intereffikationsmodell kein Gegenentwurf zum Determinationsansatz ist, sondern dessen Konstrukte ebenfalls umfasst und ergänzt. Deshalb gelten alle empirischen Befunde und Beispiele aus der Determinationsforschung auch in diesem Zusammenhang. Wie Tabelle 10 zeigt, lassen sich die Determinationseffekte (nach Raupp, →Kap. 7.1) in das Intereffikationsmodell einordnen. Dabei wird klar, dass bereits der Determinationsansatz Einflüsse untersucht, die vom Journalismus ausgehen; nämlich die Überarbeitung von PR-Materialien (Transformation) und das Entfernen von PR-Quellenangaben (Transparenz). So gesehen trifft der Vorwurf, Baerns habe nur einen einseitigen Effekt von der PR auf den Journalismus untersucht, eigentlich nicht zu. Was man ihr allerdings vorwerfen kann, ist eine gewisse konzeptionelle Unschärfe und eine missverständliche Darstellung.

## 8.2 Dimensionen

Nun wollen wir uns die drei Dimensionen des Modells und Beispiele für Induktionen und Adaptionen genauer ansehen.

Sachdimension

Wie soeben besprochen, sind die wichtigsten Induktionen in der *Sachdimension* die Determinationseffekte, die man mit inhaltsanalytischen Input-Output-Designs erfassen kann. Bentele und Kollegen unterscheiden drei Induktionsdimensionen: Initiativ-, Text- und Tendenzinduktion (Bentele & Nothhaft 2004: 75ff.):

Initiativinduktion

Bei der *Initiativinduktion* geht es um die Frage, welche Seite der ursprüngliche Auslöser für einen Medienbeitrag war. Die Initiative kann entweder bei einer Organisation oder bei einer Redaktion liegen. Bei der *Quellen- oder PR-Initiative* gelingt es einer Organisation, Journalisten auf ein Thema aufmerksam zu machen, von dessen Relevanz zu überzeugen und damit zur Berichterstattung zu veranlassen. Bei der *Redaktionsinitiative* sind verschiedene Varianten denkbar: Der zuständige Journalist hat klassischerweise das Thema selbst recherchiert und fragt bei der betroffenen Organisation nach bzw. gibt ihr die Gelegenheit zur Stellungnahme. Häufig ist die Organisation selbst gar nicht betroffen, der Journalist sucht dort lediglich nach allgemeinen Informationen zum Thema oder nach Expertenaussagen (siehe Information Subsidy oder Media Catching, →Kap. 5.3). Natürlich gibt es auch Medienberichte über eine Organisation oder mit ihr in Verbindung stehende Themen, ohne dass ein Organisationsvertreter gefragt wird. Manchmal ist es gar nicht mehr möglich festzustellen, bei wem die Initiative lag. So kann es beispielsweise passieren, dass ein Journalist und ein Organisationsvertreter bei einem Gespräch gemeinsam auf die Idee kommen, man könne da ja mal eine Geschichte über die besonders umweltfreundliche Produktionsmethode der Firma machen. Bentele und Mitarbeiter haben mehrere Abschlussarbeiten mit Input-Output-

Designs betreut, in denen auch die Themeninitiative erhoben wurde. Bei den meisten Medienberichten über Organisationen lag die Initiative bei den Organisationen selbst (Bentele & Nothhaft 2004: 83).

Textinduktion

Die *Textinduktion* bezieht sich auf Art und Umfang der von Medien übernommenen PR-Inhalte. Der einfachste Fall ist die unverändert abgedruckte Pressemitteilung; hier erfolgt eine komplette Textinduktion. Das heißt aber nicht, dass die Initiative bei der PR gelegen haben muss. Beispielsweise kann eine Redaktion einen Organisationsvertreter als Experten um einem Gastbeitrag bitten. Die klassische Textinduktion bedarf manifester PR-Instrumente (z.B. Pressemitteilungen, Presse-Kits oder Footage), denn sie funktioniert nur bei fixierten PR-Inhalten, die Journalisten unverändert übernehmen können. Eigentlich ist der Begriff *Text*induktion missverständlich, da Medien nicht immer Texte und konkrete Formulierungen übernehmen. Häufig übernehmen sie die Inhalte bzw. Aussagen von PR-Material, formulieren und gestalten den Beitrag aber selbst.

Auch zur Textinduktion liefern die bereits erwähnten Leipziger Input-Output-Studien interessante Befunde (Bentele & Nothhaft 2004: 83): In der gesamten Berichterstattung über fünf Organisationen (vier in Sachsen, eine in Niedersachsen) kamen kaum Beiträge *ohne* Übernahme von PR-Inhalten oder Kernbotschaften vor. In 19 bis 78 Prozent aller Fälle wurden die wichtigsten Kernbotschaften wörtlich übernommen. Das gilt auch oder sogar noch stärker im Online-Bereich. Schweiger & Jungnickel (2011) untersuchten Online-Resonanzen auf Pressemitteilungen von mittelständischen Unternehmen und NGOs. 37 Prozent aller Resonanzen in journalistischen Online-Medien waren komplette und unveränderte Übernahmen, 57 Prozent überarbeitete Übernahmen.

Im Zusammenhang mit Textinduktion ist auch der *Beachtungsgrad* PR-basierter Medienbeiträge von Bedeutung. Presseverantwortliche interessiert nicht nur, *ob* Journalisten ihre PR-Inhalte auswählen und *wie häufig* sie das tun. Sie streben auch eine optimale *Platzierung* und *Aufmachung* der Beiträge an: als Aufmacher auf Seite eins oder als versteckte Kurzmeldung, mit großer oder kleiner Überschrift, mit oder ohne Foto usw. Obwohl diese Daten in professionellen Presse-Clippings erfasst werden, gibt es zum Beachtungsgrad keine wissenschaftlichen Studien.

Eine subtile Form der Textinduktion ist das Framing. Das Framing-Konzept kommt ursprünglich aus der Nachrichtenforschung (z.B. Entman 1991). Es besagt, dass man eine Nachricht bzw. ein Thema mit unterschiedlichen Interpretationsrahmen darstellen kann und diese

Frames Rezipienten unterschiedliche Bewertungen nahelegen. So können beispielsweise Beiträge über Kernenergie ökologisch-moralisch geframed sein (hohes Risiko, Halbwertzeit von Atommüll, Verantwortung gegenüber Nachkommen usw.) oder ökonomisch (Versorgungssicherheit, Wirtschaftsfaktor, Kosten usw.). Wenn es Organisationen gelingt, ihre Interpretationsframes in die Medienberichterstattung zu bringen, können sie damit die öffentliche Wahrnehmung eines Themas oder Problems beeinflussen (vgl. Hallahan 1999; Fröhlich & Rüdiger 2004). Wimmer (2004) hat das am Beispiel der Pressearbeit von attac zum G8-Gipfel in Genua 2001 und der Berichterstattung in deutschen Qualitätszeitungen untersucht, dort allerdings geringe Einflüsse gefunden.

Nicht immer besteht das Ziel der PR darin, eigene Texte oder Botschaften in die Medien zu bekommen. Beim Issues Management reicht es, Medien zur Berichterstattung über ein Thema zu bewegen, das für die Organisation wichtig oder nützlich ist (→Kap. 3.5). Vergleichbares gilt für die Bewegtbild-PR. Da die professionelle Produktion von Videomaterial aufwändig und teuer ist, versuchen PR-Vertreter Fernsehredakteure davon zu überzeugen, selbst über ein Thema oder Ereignis zu berichten. TV-Sportübertragungen und -berichte sind ein besonderes Beispiel: Rundfunkanbieter ermöglichen Verbänden, Vereinen und Sportlern reichweitenstarke PR; und dabei übernehmen sie nicht nur sämtliche Kosten, sondern bezahlen sogar für die Übertragungsrechte.

Tendenzinduktion

Auch wenn nicht nur im Issues Management gelegentlich das PR-Motto „Besser schlechte Nachrichten als gar keine" zitiert wird, ist es für Organisationen natürlich sehr wohl von Bedeutung, *wie* die Medien über sie berichten, ob die Tendenz bzw. der Tenor der Berichterstattung positiv, negativ oder ambivalent ist. Ein positiver Medientenor bzw. das Verhindern negativer Meldungen ist besonders für das Reputationsmanagement (→Kap. 3.5) von entscheidender Bedeutung. Das gelingt natürlich nicht immer. In der Politikberichterstattung gehören negative, kritische oder sich lustig machende Medienbeiträge zur Tagesordnung. Fallbeispiel 4 zeigt ein kurioses Beispiel für eine verunglückte Tendenzinduktion aus der Wirtschaftskommunikation. Besonders bedrohlich ist ein negatives Medienecho für Organisationen und ihre Vertreter in Krisenphasen. Hier übernehmen die Medien zwar häufig das gelieferte PR-Material, wenden den dortigen Tenor aber – er ist fast immer positiv oder neutral – ins Negative (→Kap 7.3).

**Fallbeispiele**

### Fallbeispiel 4: Kleinfeld und die Rolex

Beide Bilder zeigen den früheren Siemens-Vorstandvorsitzenden Klaus Kleinfeld. Das linke Foto wurde 2004 publiziert und zeigt Kleinfeld mit einer teuren Rolex-Armbanduhr. Das rechte Bild wurde von Siemens 2005 zur Hauptversammlung an die Medien weitergegeben. Die Uhr war auf Kleinfelds Wunsch wegretuschiert worden, um die Debatte über Manager-Gehälter nicht zu befeuern. Allerdings fehlte ein entsprechender Hinweis. Die Manipulation flog auf und verursachte ein hämisches Medienecho. Die ursprüngliche Absicht verkehrte sich so ins Gegenteil.

*Bildquelle: dpa; gefunden auf http://einestages.spiegel.de/static/entry/finden_sie_die_fehler/17428/uhr_schrei.html (17.05.2013)*

Der empirische Forschungsstand zur Tendenzinduktion ist eindeutig: Der PR gelingt meist recht gut, Inhalte und Formulierungen in die Massenmedien zu transportieren; positive Wertungen hingegen werden von Journalisten häufig entkräftet oder entfernt (Schnettler 2006: 30). Eine Umkehrung der in Pressemitteilungen enthaltenen Bewertungen ins Negative kommt allerdings auch selten vor (Bentele & Nothhaft 2004: 90).

Wer induziert eigentlich?

Wir haben uns bisher um die Frage herumgemogelt, welche von beiden Seiten nun eigentlich induziert. Bei der Initiativinduktion ist die Sache klar: Liegt die Initiative bei der PR, ist das eine PR-Induktion, liegt sie bei Journalisten, ist es eine Redaktionsinduktion. Aber wie sieht es bei der Themenselektion und -präsentation aus? Kann man von einer PR-Induktion sprechen, wenn es der PR gelingt, Themen in den Medien platzieren? Oder ist es nicht vielmehr eine Journalismus-Induktion, weil letztendlich Journalisten die Themen auswählen? In Tabelle 10 oben haben wir uns in Anlehnung an Bentele für die zweite Lesart entschieden. Trotzdem ist festzuhalten, dass der Intereffikationansatz an dieser Stelle recht eindeutig wirkt, in einigen Fällen jedoch erhebliche Abgrenzungsprobleme auftauchen (so auch Röttger et al. 2011: 91). Auch die Abgrenzung zischen Induktionen und Adaptionen ist schwierig, denn in den meisten Fällen sind Adaptionen des einen Systems Redaktionen auf Induktionen des anderen.

Journalistische Induktionen und PR-Adaption

Leichter zu fassen sind journalistische Induktionen wie die Orientierung an Nachrichtenfaktoren (Relevanz, Prominenz, Aktualität, etablierte Themen) oder die Bevorzugung von Pressemitteilungen mit hoher Nachrichtenqualität. Zu diskutieren ist allerdings, ob das wirklich journalistische Induktionen im Sinn „beabsichtigter, gerichteter Kommunikationsanregungen" an die PR sind (Röttger et al. 2011: 91). Denn Journalisten orientieren sich bei der Themenauswahl *generell* an Nachrichtenfaktoren, und nicht etwa, um die PR zu beeinflussen. Nichtsdestotrotz passen PR-Praktiker ihr Verhalten an und vollziehen somit Adaptionen. Sie lernen, dass sie die Induktionsleistung von Pressemitteilungen steigern können, indem sie sie professionell schreiben und mit Nachrichtenfaktoren versehen. Also würzen sie Pressemitteilungen künstlich mit Nachrichtenfaktoren, auch wenn die eigentliche Botschaft gar keine enthält. Oder sie versuchen, einen Bezug zu einem aktuell relevanten Thema herzustellen, obwohl es diesen nicht wirklich gibt (Agenda Surfing). Auch die Entscheidung, eine aufwändige Pressekonferenz durchzuführen oder teures Footage-Material zu produzieren oder es zu unterlassen, ist eine Adaption der PR an das vermutete Journalisteninteresse.

Zeitliche Dimension

Bei der zeitlichen Dimension steht zunächst die Leistung der PR im Mittelpunkt, das Timing der Berichterstattung zu beeinflussen (*PR-Induktionen*). Wenn sich etwa tagesaktuelle Medien für die Berücksichtigung einer Pressemitteilung entscheiden, tun sie das in der Regel wenige Tage nach deren Eingang (→Kap. 7.1 und Bentele & Nothhaft 2004: 90 f.). Eine erfolgreiche Zeitinduktion setzt allerdings voraus, dass sich auch Media Relations an zeitliche Abläufe in den Redaktionen anpassen. Beispiele für solche *PR-Adaptionen* sind:

- kein Versand von tagesaktuellem Pressematerial nach Redaktionsschluss (bei Zeitungen zwischen 17 und 19 Uhr);
- Beachtung von Vorlaufzeiten der redaktionellen Planung, z.B. bei wöchentlich oder monatlich erscheinenden Medien;
- Ausnutzen von nachrichtenarmen Saure-Gurken-Zeiten bei wenig attraktiven PR-Aussendungen, da dort die Konkurrenz am geringsten ist.

Sozial-psychische Dimension

In der *sozial-psychischen Dimension* versammeln sich sämtliche sonstigen Beziehungsaspekte zwischen PR und Journalismus auf der Individual- (Mikro), Organisations- (Meso) und Systemebene (Makro), von denen wir hier nur einige Beispiele nennen können. Ansonsten sei auf die vorherigen Kapitel, besonders Kapitel 5, verwiesen.

- *Individualebene:* persönliche Kontakte, Sympathien und Antipathien zwischen Journalisten und PR-Arbeitern, individuelle Kompetenzen, z.B. Verkaufstalent oder ein journalistischer Background bei PR-Leuten usw.;
- *Organisationsebene:* Verfügbarkeit von Ressourcen auf beiden Seiten, Stellung der Media Relations innerhalb einer Organisation, Art und öffentliche Relevanz der Organisation; Koppelgeschäfte, Embedded Journalists[27] in der Kriegsberichterstattung usw.;
- *System- bzw. Professionsebene:* gegenseitige Wahrnehmung beider Berufsfelder, gesetzliche und berufsständische Regelungen, Branchentrends usw.

Empirische Messung

Die Phänomene in der sozial-psychischen Dimension sind extrem vielfältig und hängen unmittelbar zusammen. Das macht eine klare Unterscheidung in Induktionen und Adaptionen in dieser Dimension besonders schwierig. Überhaupt ist jede PR-Journalismus-Beziehung so speziell und von den jeweiligen Bedingungen geprägt, dass man sie als Einzelfall betrachten muss und kaum allgemeingültige Befunde ableiten kann. Zudem ist die empirische Erfassung von Beziehungen in der sozial-psychischen Dimension aufwändig und schwierig, da man sie nur durch aufwändige Beobachtungsstudien oder Befragungen (meist qualitative Leitfadeninterviews) erheben kann. Bei Befragungen kommt das Problem sozial erwünschter Antworten hinzu. Gerade Journalisten geben ungern zu, wie abhängig sie von PR-Zulieferungen sind oder wie gut sie mit PR-Leuten zusammenarbeiten. Deshalb werden sie diese im Interview eher unterschätzen. Die Vertraulichkeit vieler Formen der Zusammenarbeit zwischen Journalisten und PR-Leuten reduziert deren Bereitschaft zu einer offenen und wahrheitsgemäßen Selbstauskunft zusätzlich.

Deshalb existieren auch nur wenige Studien zu PR-Journalismus-Beziehungen in der sozial-psychischen Dimension. Das ist umso bedauerlicher, da die Praxiserfahrung die Vermutung nahelegt, dass sozialpsychologische Phänomene das Verhältnis zwischen Journalismus und PR äußerst stark prägen. Ein entsprechender Hinweis findet sich in einer explorativen Studie aus der Türkei, wo die befragten PR-Praktiker die Bedeutung persönlicher Kontakte zu Journalisten als besonders wichtig einschätzten (Okay & Okay 2004).

27 Als Embedded Journalists werden Reporter bezeichnet, die die US-Truppen unmittelbar bei ihren Einsätzen begleiten dürfen – allerdings nur unter der Bedingung, sich vollständig an die strikten Vorgaben hinsichtlich Verhalten und Berichterstattung zu halten.

### 8.3 Rezeption und Kritik

Rezeption

Das Intereffikationsmodell stellt einen sinnvollen begrifflichen Rahmen dar, um Phänomene und Befunde zum Journalismus-PR-Verhältnis einzuordnen und miteinander zu vergleichen (Bentele et al. 1997 a: 247). Es verdeutlicht damit wesentliche Forschungslücken, die hauptsächlich in der sozial-psychischen Dimension liegen. Allerdings ist es keine Theorie im strengen Sinn eines Systems aufeinander bezogener, empirisch überprüfbar Hypothesen, aber das war auch gar nicht sein Anspruch (Bentele & Nothhaft 2004: 68).

Das Intereffikationsmodell hat zahlreiche empirische Studien ausgelöst (Bentele 2008 b: 216ff.). Aufgrund seiner Komplexität wurde es jedoch bisher nicht *im Ganzen* untersucht. Stattdessen hat sich die Forschung auf Teilaspekte des Modells konzentriert. Und zwar auf diejenigen, die auch schon in der Determinationsforschung im Mittelpunkt standen: die Determination der Medienberichterstattung durch manifeste PR-Instrumente. Dass andere Aspekte – vor allem wechselseitige Adaptionen und sozial-psychische Beziehungen – kaum untersucht werden, ist nicht dem Modell anzulasten, sondern liegt an den Schwierigkeiten, sie zu messen.

Kritik

Das Intereffikationsmodell hat auch Kritik erfahren. So monieren Schantel (2000: 78ff.) und Hoffjann (2007: 143), dass die systemtheoretischen Grundlagen unklar bleiben. Andere werfen dem Ansatz vor, das Verhältnis zwischen PR und Journalismus zu beschönigen, indem es den Eindruck einer Symbiose zwischen zwei eigenständigen Systemen vermittelt. Ruß-Mohl (1999: 170) schreibt: „Das Problem ist ja nicht, daß sich Journalismus und PR wechselseitig bedingen und ermöglichen, sondern daß sie sich in bestimmten Bereichen unseres Mediensystems inzwischen durchdringen und verschmelzen. Es geht – auch – um Interpenetration (...) oder Hybridisierung (...) – gelegentlich bis hin zur Unkenntlichkeit des Journalismus." In der Konsequenz wirft er dem Intereffikationsansatz damit eine „Verschleierung bestehender Zustände" vor (ebd.).

Andere werfen dem Ansatz vor, eine gleichgewichtige Abhängigkeit zwischen PR und Journalismus zu suggerieren, obwohl beide Seiten durchaus ohne die jeweils andere Seite leben könnten (Röttger et al. 2011: 92). Dass der Journalismus von der PR *nicht grundsätzlich* abhängt, ist unstrittig. Und auch die PR hat bekanntlich Instrumente, um am Journalismus vorbei mit den Anspruchsgruppen zu kommunizieren (Bypassing, z.B. Websites oder Social Media; →Kap. 3.3). Und trotzdem erscheint die Überlegung völlig unabhängiger Systeme wenig realistisch. Denn der Journalismus wäre ohne PR ungleich aufwändiger und teurer. Die PR hat sich historisch nachgerade als Vermittlungsinstanz zwischen Organisationen und Journalismus herausgebildet (→Kap. 2), um dem Journalismus die Arbeit zu erleichtern (→Kap. 6.4). Was die PR-Seite betrifft, ist dem Kommunikationsberater Klaus Kocks (ausnahmsweise einmal) zuzustimmen. Er bezeichnet die „PR als Parasiten", der „allergrößtes Interesse an der Gesundheit seines Futtertieres", dem Journalismus, habe (zit. n. Ruß-Mohl 1999: 170). Denn auch heute gilt: Nur mit Hilfe der Massenmedien können Organisationen in kurzer Zeit die breite Öffentlichkeit erreichen und ihre Position in den öffentlichen Diskurs einbringen (→Kap. 3.3).

# 9. Anpassung an die Medienlogik: Medialisierung

Während in der Determinationsforschung die Abhängigkeit und Passivität des Journalismus gegenüber der PR beklagt wird, gibt es auch eine umgekehrte Perspektive. Nicht selten beklagen Organisationen und PR-Akteure die Macht, Willkür und Ignoranz der Medien ihnen und ihren Botschaften gegenüber. Denn je wichtiger Öffentlichkeit und die öffentliche Meinung für Organisationen sind, desto abhängiger sind sie von der journalistischen Berichterstattung.

## 9.1 Medialisierung als Gesellschaftstrend

Bedeutungszunahme der Medien

Massenmedien haben in den vergangenen Jahrzehnten an Bedeutung gewonnen. Nicht nur die tägliche Mediennutzungsdauer der Bürger steigt unaufhörlich, auch ihre Abhängigkeit von der Medienberichterstattung als ‚Weltbildmaschine' wächst. Die mediale Realitätsvermittlung ist vor allem in Bereichen von Bedeutung, zu denen die Bürger keinen unmittelbaren, persönlichen Zugang haben, allen voran politische Nachrichten. Überspitzt formuliert: Ereignisse, Themen, Akteure und Meinungen, über die die Medien nicht berichten, existieren für die Öffentlichkeit nicht. In diesem Zusammenhang spielt auch die Globalisierung eine Rolle. Denn je wichtiger Ereignisse in anderen Teilen der Welt für uns werden, desto weniger kennen wir davon aus eigener Anschauung und desto mehr sind wir auf die Medienberichterstattung darüber angewiesen. Deshalb kann es auch Unternehmen wie McDonald's oder BMW nicht egal sein, was die Medien in Brasilien oder auf den Philippinen über sie berichten.

Diese Entwicklung schlägt sich nicht nur in Modebegriffen wie Mediengesellschaft oder Mediendemokratie nieder. In der Kommunikationswissenschaft hat in jüngster Zeit auch eine intensive Debatte zur *Medialisierung* im Sinne einer Bedeutungszunahme der Medien und einer Durchdringung der Gesellschaft durch die Logik der Medien eingesetzt.[28] Bisher wird die Medialisierungsperspektive nur in wenigen Beiträgen zum Journalismus-PR-Verhältnis erwähnt (Röttger et al. 2011: 66ff., Raupp, 2009). Wir halten sie aber aus zwei Gründen in dieser Einführung für unverzichtbar: Erstens ist sie die einzige Perspektive, die einen Einfluss des Journalismus auf die PR thematisiert. Zweitens: Während sich die Forschung zur Journalismus-PR-Beziehung überwiegend auf Unternehmenskommunikation (PR von Wirtschaftsunternehmen) bezieht, wird Medialisierung hauptsächlich im Zusammenhang mit politischer Kommunikation erörtert. Und was

28 Vgl. den Überblick bei Meyen (2009). Die Begriffsvariante ‚Mediatisierung' wird von den meisten Autoren als irreführend abgelehnt (S. 26).

dort zwischen PR und Journalismus passiert, ist zweifellos von eminenter gesellschaftlicher Bedeutung.

Bedeutungszunahme der PR

Das Resultat der Medialisierung ist für die Media Relations zunächst erfreulich: Ihre Bedeutung wächst proportional zur Bedeutung der Massenmedien. Damit wächst auch der Druck auf PR-Schaffende, für ihre Organisation eine optimale Medienpräsenz und -resonanz zu erreichen. Da das jedoch viele oder fast alle Organisationen anstreben, steigt zwangsläufig die Konkurrenz um Medienpräsenz. Das hat wiederum zwei Folgen: Organisationen müssen sich erstens in ihrer Außenkommunikation an die Anforderungen des Mediensystems anpassen (Adaptionen). Damit steigt zweitens die Bedeutung der PR innerhalb der Organisationen noch weiter an; denn nur durch professionelle Öffentlichkeitsarbeit können Organisationen im Wettlauf um öffentliche und mediale Aufmerksamkeit bestehen. Das Konzept der Medialisierung meint genau dies, nämlich eine „Anpassung der Akteure in Politik, Wirtschaft, Wissenschaft und zahlreichen anderen gesellschaftlichen Subsystemen an die Erfolgsbedingungen der Medien" (Definition bei Kepplinger 2008: 327).

Aus gesellschaftlicher Sicht klingt eine solche Medialisierung eigentlich unproblematisch. Wenn Organisationen ihre PR-Bemühungen bei gleichzeitig wachsender Konkurrenz professionalisieren und verstärken, heißt das ja noch nicht, dass der Journalismus als Instrument der Informationsvermittlung und öffentlichen Meinungsbildung bedroht wäre. Es bedeutet auch nicht, dass Organisationen oder ihre PR komplett von Medien abhängig wären (‚Mediendependenz', vgl. Schulz 2008: 46 f.). Die meisten Autoren verstehen unter Medialisierung tatsächlich ein wechselseitiges Abhängigkeitsverhältnis (Interdependenz) mit einem Austausch von Information und Publizität: Die PR liefert Inhalte, und der Journalismus ermöglicht im Gegenzug ihre Veröffentlichung (z.B. Hoffmann 2003: 38).

Medialisierung als PR-Adaption

Nun haben wir gesehen, dass vor allem Nachrichtenfaktoren beeinflussen, ob Journalisten über Themen und Organisationen berichten (→Kap. 4.3 und 7.3). Die besten Übernahmechancen haben deshalb PR-Botschaften...

- von *statushohen* Organisationen
- mit namhaften Beteiligten (*Prominenz*) oder
- sonstigen Menschen im Mittelpunkt (*Personalisierung*),
- die sich auf *Konflikte* oder
- sonstige negative Sachverhalte (*Negativismus*) beziehen,
- oder die *punktuelle Ereignisse*,

- *einfach darstellbare Sachverhalte* oder
- aktuell diskutierte Themen (*Agenda Surfing*) zum Gegenstand haben.

Je heftiger der Wettbewerb zwischen Organisationen um die Medienaufmerksamkeit ist, desto mehr müssen sie sich dieser Medienlogik anpassen (vgl. Raupp 2009: 267; Röttger et al. 2011: 66). Das Phänomen wird in der Systemtheorie als ‚strukturelle Anpassung' bezeichnet (→Kap. 6.4); im Intereffikationsansatz sind es Adaptionen der PR (→Kap. 8.2).

Probleme der Medialisierung

Auch das wäre noch kein Problem, wenn Medien diejenigen Botschaften und Meinungen auswählen und verbreiten würden, die für die Gesellschaft im Allgeneinen und Organisationen im Speziellen relevant sind. Doch gerade das ist oft nicht der Fall. Häufig ist es Organisationen unmöglich, mit ihrer Darstellung in die Medienöffentlichkeit vorzudringen, weil keine Prominenten beteiligt sind, weil es keinen aktuellen Konflikt gibt, weil der Sachverhalt zu komplex ist usw. Das Problem existiert in allen Gesellschaftsbereichen,[29] wie drei (fiktive) Beispiele illustrieren:

- *Kultur*: Ein staatliches Theater befürchtet finanzielle Kürzungen und möchte die Bürger über seine kulturelle und wirtschaftliche Bedeutung aufklären, um dadurch öffentlichen Druck auf das zuständige Ministerium auszuüben. Die örtlichen Zeitungsredaktionen finden das Thema jedoch zu ‚speziell' und zu ‚komplex'.
- *Sport*: Ein Sportverband hat umfangreiche Laboranalysen beauftragt, um öffentlichen Dopingvorwürfen zu begegnen. Doch die Laborbefunde ergeben ein uneinheitliches Bild und können nur mit Vorsicht interpretiert werden. Der Verband steht vor der Entscheidung, ob er die Ergebnisse (a) mit allen Details an die Medien weiterleiten soll, (b) in stark vereinfachter Form, um Missverständnissen vorzubeugen, oder ob er sie (c) gar nicht öffentlich machen soll. Im ersten Fall riskiert er eine fehlerhafte Berichterstattung oder eine sachlich falsche Debatte, im zweiten Fall Manipulationsvorwürfe und im dritten Fall den Vorwurf der Intransparenz bzw. Geheimniskrämerei.
- *Wirtschaft*: Ein Unternehmen baut Arbeitsplätze in einer erfolglosen Sparte ab, die jedoch später in einer erfolgreicheren Sparte wieder aufgebaut werden sollen. Wie kann die Unternehmens-PR die journalistische Neigung zum Negativismus umgehen und die

29 Vgl. Raupp (2009: 265) mit umfassenden Literaturangaben zu Politik, Wirtschaft, Wissenschaft und Sport.

Medien dazu bewegen, nicht nur über den Arbeitsplatzabbau, sondern auch über die positiven Aussichten zu berichten?

## 9.2 Politische Kommunikation und Medialisierung

Die Beispiele lassen erahnen, warum Medialisierung besonders im Zusammenhang mit politischer Kommunikation debattiert wird. Aus demokratietheoretischer Sicht besteht die Aufgabe des politischen Systems (Regierungen, Parlamente und Parteien) darin, gesellschaftlich relevante Probleme zu identifizieren, öffentlich zu debattieren und allgemein-verbindliche Entscheidungen zu treffen.

Politikvermittlung

Dabei ist die Politik auf Medien angewiesen, um der Bevölkerung Probleme, Lösungsvorschläge, Entscheidungen und Handlungen mitzuteilen und zu erklären. Doch politische Themen und Entscheidungen sind oft komplex, sodass das politische System bei der Politikvermittlung vor mehreren Herausforderungen steht (nach Sarcinelli 1998: 703):

- *Aufmerksamkeit*: Wie kann man die Aufmerksamkeit der Bürger auf ein Problem oder eine Entscheidung richten und sie dazu bewegen, sich angemessen damit zu befassen?
- *Information und Bildung*: Wie kann man ihnen politische Grundlagen und aktuelle Probleme oder Entscheidungen verständlich erklären?
- *Appellation*: Wie kann man die Bürger von einem Lösungsvorschlag, einer Partei oder einem Kandidaten überzeugen?
- *Partizipation*: Wie kann man Bürger zur aktiven Mitwirkung am politischen Prozess motivieren?

Da sich Journalisten bei ihrer Berichterstattung in der Regel an den Interessen und am Vorwissen ihres Publikums orientieren, muss die Politik diese Vermittlungsaufgaben nicht nur gegenüber den Bürgern, sondern auch gegenüber den Journalisten bewältigen. Hier treffen nun „zwei unterschiedliche Handlungsrationalitäten aufeinander: Der Medienlogik mit ihrer Ausrichtung an Aktualität, an Personen und Konflikten steht die Logik eines politischen Systems gegenüber, das Entscheidungen prozessiert, die langfristig wirken, die unter Sachzwängen getroffen werden und die Koalitionsbildungen erfordern“ (Raupp 2009: 267).

Erschwert wird die Aufgabe dadurch, dass es in der Politik nicht nur um Sachfragen und inhaltliche Entscheidungen geht (*Policy*), sondern auch um Fragen der Verfassung, um Institutionen und Regeln der Entscheidungsfindung (*Polity*) sowie um konkrete Konflikte und Strategien zur Durchsetzung der Entscheidungen (*Politics*). Das Interesse der

Medien mit ihren Handlungsrationalitäten an den Bereichen ist unterschiedlich: Sachfragen (Policy) sind häufig zu komplex und werden entweder gar nicht berichtet oder in stark vereinfachter Form. Institutionenelle Themen (Polity) schaffen es bestenfalls in Qualitäts- bzw. Elitemedien (Süddeutsche Zeitung, Frankfurter Allgemeine, Welt, Zeit). Lediglich Politics-Themen, also etwa Konflikte zwischen Politikern oder Parteien finden unter Journalisten und Publikum breites Interesse.

Die Politik steht somit vor einer schwierigen Aufgabe: Sie muss einerseits die *Aufmerksamkeit* von Medien und Bürgern für ihre Aussagen wecken, um sie zu überzeugen (*Appellation*) und zur *Partizipation* zu bewegen. Andererseits gebieten Verfassung und politischer Anstand, dass Parteien die Bürger nicht nur mittels populistischer Propaganda überreden, sondern angemessen *informieren* und damit zur politischen Willensbildung des Volkes beitragen (Art. 21, Satz 1 GG).

Wahlkampfkommunikation

Die wichtigste Phase der Politikvermittlung sind Wahlen bzw. Wahlkämpfe. Dort trifft das Interesse von Bürgern und Medien an Konflikten, Dramen und Strategien auf Parteien und Politiker, die mit hohem kommunikativen Einsatz um Wählerstimmen kämpfen. In dieser Phase stehen eindeutig Politics-Themen, das Buhlen um Aufmerksamkeit und Appellation im Mittelpunkt.

Deshalb kommen in Wahlkämpfen seit einigen Jahren auch in Deutschland PR-Profis (Medienstrategen oder Spin doctors) zum Einsatz. Spin doctors sind Media Relations-Experten, die es durch Ausnutzen der Medienlogik beherrschen, Themen einen ‚Spin' oder ‚Dreh' zu versetzen und sie so Journalisten und Publikum schmackhaft zu machen. Seit dem Bundestagswahlkampf 1998 ist es unter größeren Parteien üblich geworden, nach dem Vorbild der damaligen ‚SPD-Kampa' ausgelagerte Wahlkampf- und Kommunikationszentralen einzurichten (vgl. z.B. Kepplinger et al. 1999). Alles das dient der ‚strukturellen Anpassung' oder ‚Adaption' an die Medienlogik. In der politik- und kommunikationswissenschaftlichen Literatur werden derartige Entwicklungen als *Professionalisierung* und *Polit-PR*[30] diskutiert. Auch von *Amerikanisierung* ist die Rede, da derartige Strategien zuerst in den USA eingesetzt wurden (z.B. Kamps 2000).

Medialisierungsstrategien

Hoffmann (2003) hat 1998 50 ehemalige und aktuelle Spitzenpolitiker und -journalisten in qualitativen Leitfadeninterviews befragt. Dabei wurden acht Medialisierungsstrategien genannt, die sich allesamt auf

30 Der Begriff wird von einigen Autoren abschätzig verwendet, von anderen neutral im Sinne einer mediengerechten Wahlkampfkommunikation.

Nachrichtenfaktoren zurückführen lassen. Die folgende Aufzählung nennt die wichtigsten Phänomene und gibt Beispiele.

*Personalisierung* ist die meistgenannte Strategie. Parteien stellen ihre Spitzenkandidaten sowie deren Persönlichkeit, Familie, Kompetenzen, Leadership-Qualitäten in den Vordergrund; sie üben Kritik an gegnerischen Kandidaten (auch Nachrichtenfaktor Prominenz); politische Themen und Entscheidungen werden auf einzelne Politiker bezogen (Riester-Rente, Hartz IV).

*Entertainisierung*: Um die Aufmerksamkeit von Rezipienten mit geringem Politikinteresse zu wecken, treten Politiker in TV-Unterhaltungssendungen oder Diskussionssendungen auf; dabei können sie sich auch als humorvoll, nahbar und mitfühlend darstellen; auch Parteitage werden als bunte und emotionale Shows inszeniert und können deshalb als mediatisierte Ereignisse gelten (→Kap. 3.5).

Der Zwang zur *Visualisierung* im Fernsehen, in Print- und Online-Medien verstärkt die Notwendigkeit der Personalisierung. Viele politische Themen sind abstrakt und kaum visualisierbar (z.B. Arbeitslosigkeit, Finanzkrise, Rentenversicherung); deshalb werden sie als persönliche Geschichten Betroffener, aber auch der entscheidenden Politiker inszeniert. Politiker inszenieren symbolische Handlungen mit überraschenden, eindrucksvollen oder emotionalisierenden Bildern, z.B. Umweltminister, die Fahrrad fahren oder im Rhein schwimmen, Präsidenten, die mit nacktem, muskulösem Oberkörper angeln; pompöse Staatsbesuche mit militärischen Ehren, Nationalhymnen und Flaggen. Visualisierung erfordert von Spitzenpolitikern in der Öffentlichkeit allerdings auch absolute Selbstkontrolle – jede unbedachte Gestik, Mimik oder Bewegung kann fotografiert oder gefilmt werden.

*Vereinfachung*: Besonders in TV, Radio und Boulevardmedien haben Politiker und Parteien kaum die Gelegenheit, längere Argumentationen darzustellen; im Wahlkampf 2002 waren die O-Töne der Kanzlerkandidaten in deutschen Nachrichtensendungen beispielsweise 18 Sekunden lang (Donsbach & Jandura 2005 b: 77). Wenn Politiker länger frei sprechen, z.B. in Interviews, laufen sie Gefahr, dass Journalisten eine unbedachte Äußerung aus dem Zusammenhang greifen und verbreiten. Wichtig sind daher prägnante Slogans, die niemanden verärgern („Yes, we can"), und die Fähigkeit von Politikern, kontrolliert und unmissverständlich zu formulieren.

*Konflikt*: Im Wahlkampf dominiert der Wettbewerb zwischen Parteien und Kandidaten die Berichterstattung; Medien inszenieren ihn wie ein Pferderennen (Horse race journalism). Wer gerade vorn liegt, zeigen Meinungsumfragen zur Wahlabsicht der Bürger (Sonntagsfrage) und andere aktuelle Daten. Da innerparteiliche Auseinandersetzungen bei Journalisten und Bürgern besonderes Interesse finden, müssen Parteien in der Öffentlichkeit möglichst geschlossen auftreten; inhaltliche Debatten finden möglichst im Hintergrund statt.

*Negativismus* erfordert von Politikern und Parteien absolute Selbstkontrolle, um keinen Fehler zu machen, der von Medien oder Gegnern ausgeschlachtet werden kann. Beim Negative Campaigning betonen Parteien/Politiker Schwächen und Fehler des Gegners; diese sind negativ und einfach verständlich, lassen sich schnell darstellen und wirken häufig emotionalisierend. Im Bundestagswahlkampf 2002 thematisierten beispielsweise nur drei Prozent der Pressemitteilungen von CDU/CSU den eigenen Kandidaten Edmund Stoiber, der politische Gegner, Kanzler Schröder, wurde hingegen in 38 Prozent (negativ) erwähnt (Donsbach & Jandura 2005 a: 63). SPD-Pressemitteilungen wiesen ein ähnliches Muster auf.

## Anekdoten

***Wolfgang Schäuble zum Aktualitätsdruck***

*ZEIT: Wieso wird so viel Kraft und Energie auf marginale Themen verwendet?*

*Schäuble: Das ist ein Problem von Kommunikation. Unsere Medienwelt, diese Flut von (...).*

*ZEIT: Jetzt sind wir wieder schuld.*

*Schäuble: Überhaupt nicht. Aber alle zehn Sekunden kommt eine Agenturmeldung. Die großen Fragen können Sie nicht alle zehn Sekunden in neuen Agenturmeldungen verhackstücken. Wenn diese Regierung gesagt hätte: Na gut, wir haben auch mit dem Arbeitsmarkt Probleme, aber wir kümmern uns jetzt einmal um die wahren Probleme von ganz anderer Größenordnung, dann hätte ein Großteil der Bevölkerung gesagt, die wollen ihre Hausaufgaben nicht machen.*

*Quelle: Interview in der ‚Zeit' vom 16.11.2006; online: http://www.bmi.bund.de/SharedDocs/Interviews/DE/2006/11/bm_interview_zeit.html (07.09.2012).*

*Aktualität*: Der andauernde Aktualitätsdruck zwingt Politiker und Parteien nicht nur, direkt auf kurzfristige Entwicklungen zu reagieren. Sie versuchen auch, in kurzen Abständen mit neuen Ideen, Plänen und (Pseudo-)Ereignissen aufzuwarten, um öffentlich präsent zu sein. Das zeigt sich beispielsweise in der Zunahme von Kleinen Anfragen im Bundestag (Kepplinger 2007). Teilweise greifen Bundestagsabgeordnete dabei sogar Themen der aktuellen Berichterstattung auf „in der begründeten Erwartung, dass Regionalzeitungen in den heimischen Wahlkreisen darüber berichten“ (S. 282).

Spin doctoring

Das Verhältnis zwischen Politikern und Journalisten wird gelegentlich sogar mit einem Krieg verglichen (vgl. Ruß-Mohl 1999: 166). Die Aufgabe der bereits angesprochenen Spin doctors besteht darin, Politiker hierbei strategisch zu unterstützen. Entsprechend sind das „oftmals auch zwielichtige Leute, die sich im Bedarfsfall schmuddeliger Methoden bedienen“ (ebd.). Ruß-Mohl nennt einige Beispiele:

- *Spoonfeeding* ist das gezielte Füttern bestimmter Journalisten mit exklusiven Informationen, um sie gegenüber anderen Medienvertretern zu bevorteilen und gewogen zu machen (dazu gleich mehr).
- *Präventiv-Schlag*: Der Politiker bzw. sein Spin doctor streut selbst kritische Informationen und macht damit recherchierte Exklusiv-Berichte missliebiger Journalisten kaputt, da diese ihren Exklusivitätsanspruch und damit ihre Sprengkraft verlieren.
- *Lawinen-Taktik*: Wenn Politiker oder Parteien unangenehme Informationen offen legen müssen, überschütten sie die Medien mit Dokumenten und hoffen, dass die wirklich kritischen Informationen in dem Wust übersehen werden.

Hintergrundkreise & Vertrauensjournalisten

Hoffmann (2003: 261ff.) beschreibt weitere Beispiele aus Deutschland: Die großen Pressekonferenzen von Regierungsmitgliedern und anderen Politikern finden im Rahmen der Bundespressekonferenz statt, wo über 900 Parlamentskorrespondenten akkreditiert sind. Bereits diese große Anzahl an Journalisten legt nahe, dass die dort verbreiteten Informationen wenig exklusiv sind. Nun sind politische Journalisten immer auf der Suche nach neuen und exklusiven Meldungen, d.h. nach Nachrichten, die kein anderes Medium hat. Deshalb haben sich um einzelne Politiker herum kleinere *Hintergrundkreise* mit Journalisten gebildet, die dem Politiker fachlich und/oder ideologisch nahe stehen. Politiker ‚füttern' diese Journalisten mit exklusiven Informationen (Spoonfeeding). Solche Informationen sind meistens ‚Unter Drei', d.h. nicht zur offiziellen Veröffentlichung zugelassen, sie fließen aber als persönliches Hintergrundwissen in Berichte und Kommentare der Journalisten ein. Mit ‚Unter Drei' versuchen Politiker, Journalisten zu einer Veröffentlichung ihrer Ideen, Perspektiven und Bewertungen ohne Nennung der Quelle zu veranlassen. Damit entsteht beim Publikum in bester Media Relations-Tradition der falsche Eindruck, die Aussage stamme vom Journalisten selbst. Noch exklusiver sind ‚Vertrauensjournalisten'. Jeder Spitzenpolitiker hat einige Journalisten, die er gut kennt und denen er vertraut. Möchte er Informationen oder Indiskretionen streuen, ohne jedoch selbst als Urheber aufzutauchen, gibt er diese ‚Unter Zwei' (= frei zur Veröffentlichung, aber ohne Quellenangabe) an einen Vertrauensjournalisten weiter, der dann darüber berichtet – meist mit Quellenangaben wie „aus gut informierten Kreisen".

Die Beispiele zeigen nicht nur, wie komplex und subtil das Verhältnis zwischen Politikern und Journalisten ist. Sie vermitteln auch eine Vorstellung davon, wie Politiker die Medien in ihren innerparteilichen Auseinandersetzungen (um Kandidaturen, Ämter oder politische Entscheidungen) instrumentalisieren, d.h. vor ihren Karren spannen. Teilweise geschieht das in Mittäterschaft politisch nahestehender Journalisten, teilweise ohne ihr Mitwissen.

Die Unterwerfung der Politik unter die Regeln der Medienlogik hat Folgen, die sich – überspitzt und besonders deutlich auf Boulevardmedien und Fernsehen bezogen[31] – so zusammenfassen lassen: Die Bürger bekommen den Eindruck, dass sich Politiker kaum um komplexe politische Sachthemen kümmern. Zwar sind sie ständig in den Medien zu sehen, doch werden sie dort überwiegend mit plakativen Slogans und nichtssagenden Worthülsen zitiert. Spitzenpolitiker scheinen keine wirklichen Probleme zu lösen, sondern befinden sich in einem täglichen Kampf um Macht und Wählerstimmen, den sie mit ständig neuen Vorschlägen und gegenseitigen Vorwürfen führen. Dass dieses Bild durchaus auch in seriösen Medien wie Spiegel Online gezeichnet wird, illustriert Fallbeispiel 5.

Doch die in den Medien sichtbare *Symbolpolitik* hat nur wenig mit den tatsächlichen politischen Abläufen und Entscheidungen zu tun. Diese finden unbeobachtet im Hintergrund statt, und dort gibt es meist weit weniger Konflikte. Dennoch prägen die Medien das Bild der Bürger vom politischen Betrieb und seinem Personal. Die negativen Folgen werden in der Kommunikationswissenschaft als *Video*- bzw. *Mediamalaise* und *Politikverdrossenheit* diskutiert (vgl. Wolling 1999). Sie reichen vom sinkenden Politikinteresse bis hin zur Wahlverweigerung. Allerdings sind die Bürger nicht ganz ‚unschuldig' an dieser Medienentwicklung. Würden sie sich stärker für anspruchsvolle und themenorientierte Beiträge interessieren, sähe die Medienberichterstattung anders aus.

Natürlich sollen sich Politiker in einer Demokratie an den Bedürfnissen und Wünschen der Bürger orientieren (Stichwort: Responsivität). Die Frage ist nur, ob sie dies langfristig tun. Oder ob sie überwiegend aktuelle Stimmungen der Bürger und der Medien aufgreifen. Die Aufgabe

---

31 Der ehemalige Bundeskanzler Gerhard Schröder soll einmal gesagt haben: „Zum Regieren brauch' ich nur Bild, BamS und Glotze.".

der Journalisten besteht ja nicht zuletzt darin, die Meinungen der Bürger zum Ausdruck zu bringen (Artikulationsfunktion) und dem politischen System zur Verfügung zu stellen (Umweltbeobachtung). Damit ist Oberreuthers (1987) Diagnose, die schnelllebige Mediendemokratie mit ihren ständig wechselnden Themen, Dramen und Konflikten führe zu einer ebenfalls schnelllebigen ‚Stimmungsdemokratie', durchaus berechtigt.

## Fallbeispiele

### Fallbeispiel 5: Ein Nachrichtentag auf Spiegel.de

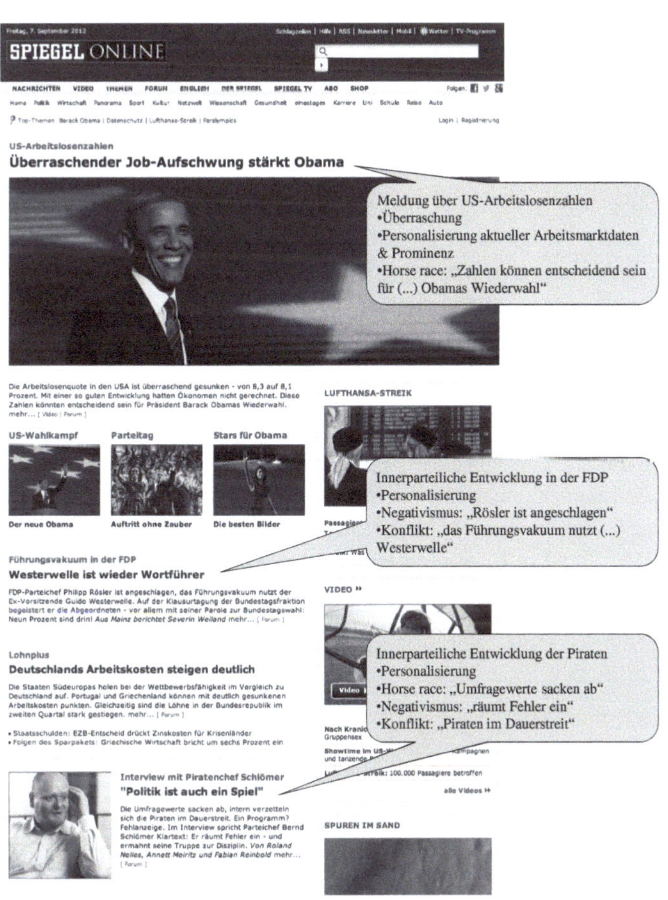


Kommentierter Screenshot der Spiegel.de-Startseite vom 07.09.2012

Wir haben Medialisierung bislang beschrieben als die erzwungene Adaption der Politik an die Medienlogik. Wie besonders die Beispiele zum Spin doctoring gezeigt haben, ist die Politik jedoch nicht nur das Opfer der Medien. Auch Politiker und ihre Berater legen einige Kreativität an den Tag, um Journalisten für ihre Zwecke zu instrumentalisieren. Zum politischen System gehören nicht nur Regierungen, Parlamente und Parteien, sondern auch Interessensgruppen, z.B. Arbeitgeber- und Wirtschaftsverbände, Gewerkschaften und Kirchen bis hin zu Umweltverbänden. Sie versuchen die Gesetzgebung nicht nur mittels direkter Lobbyarbeit in ihrem Sinn zu beeinflussen, sondern auch indirekt, indem sie mittels Medien öffentlichen Druck auf Ministerien und Abgeordnete ausüben. Dass in den Public Affairs ebenfalls mit Haken und Ösen gekämpft wird und die Journalisten mittendrin im Getümmel sind, illustrieren Jarolimek et al. (2010) am Beispiel Schweinegrippeimpfung sowie der Sammelband von Leif & Speth (2003).

Wer ist verantwortlich?

Geschieht die Adaption der Politik an die Medienanforderungen nun freiwillig oder ist sie erzwungen? Der Schweizer Kommunikationswissenschaftler Ulrich Saxer attestierte der Politik ein „gerüttelt Maß an Mitschuld“ und der ehemalige Bundeskanzler Helmut Schmidt warf der Politik sogar eine ‚freiwillige Unterwerfung' vor (beide Zitate nach Hoffjann 2007: 136). Hoffmanns (2003) Interviewstudie bietet eine breitere empirische Basis. Ohne konkret gefragt worden zu sein, gaben dort 31 der 50 teilnehmenden Spitzenpolitiker und -journalisten eine eindeutige persönliche Einschätzung ab. Wie Tabelle 11 zeigt, gingen die Meinungen im Einzelnen auseinander. Dennoch fällt auf, dass aktive Politiker häufiger eine Übermacht der Medien beklagen als ehemalige Politiker. Das kann man bei aller Vorsicht als Hinweis auf einen weiteren Trend in Richtung Mediendemokratie sehen.

Tabelle 11: Wahrgenommene Paradigmen politisch-medialer Beziehungen aus Akteurssicht (Hoffmann 2003: 176)

| | Politiker | | Journalisten | |
|---|---|---|---|---|
| | aktive | ehemalige | aktive | ehemalige |
| Unabhängigkeit | 0 | 0 | 1 | 1 |
| Übermacht der Politik | 0 | 0 | 2 | 2 |
| Übermacht der Medien | 4 | 1 | 3 | 3 |
| Interdependenz | 4 | 5 | 5 | 0 |

n=50 Befragte, davon haben sich n=31 in Richtung eines der Paradigmen geäußert.

### 9.3 Medialisierung als Parameter einer PR-Theorie

Ein Vorschlag, wie man Medialisierung in ein Modell zur PR-Journalismus-Beziehung integrieren kann, stammt von Raupp (2009). Einige Elemente ihres Modells (Abbildung 9) kennen wir bereits. Die *Ebene der korporativen Akteure* umfasst PR-treibende Organisationen und Medieninstitutionen (Mesoebene; die Makroebene mit Professionen bzw. Systemen fehlt hier). Auf der *personalen Ebene* befinden sich PR-Tätige und Journalisten (Mikroebene). Zwischen den korporativen Akteuren existiert ein struktureller Konflikt: Während die PR Organisationsinteressen mittels Kommunikation durchsetzen möchte, dient der Journalismus der Öffentlichkeit. Diesen Konflikt lösen beide Seiten auf, indem sie sich auf die bereits angesprochene Austauschbeziehung ‚Information gegen Publizität' einigen. Zu deren Umsetzung entwickeln sie in ihrer täglichen Zusammenarbeit *institutionelle Arrangements*. Das sind Programme/Routinen und Strukturen, wie wir sie mehrfach besprochen haben.

**Modell**

Abbildung 9: Beziehungen zwischen Organisationen und Medien (Raupp 2009: 278)

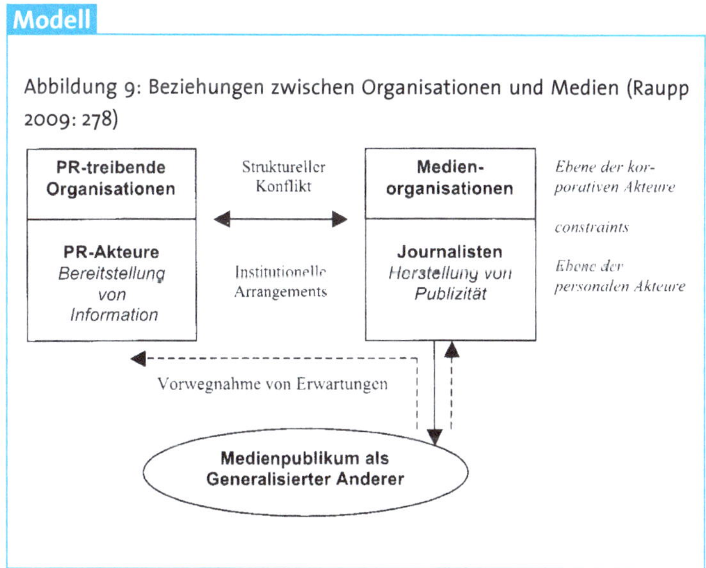


Neu ist am Modell, dass sich beide Seiten an einer dritten Instanz orientieren, nämlich dem „Medienpublikum als generalisierter Anderer". Dessen Erwartungen nehmen sowohl PR als auch Journalismus vorweg. Raupp bezieht sich hierbei auf den *symbolischen Interaktionismus* nach George Herbert Mead (1934). Dessen Grundidee besagt, dass Personen im Umgang mit anderen Personen (interpersonale Interaktionen) versuchen, sich in die Rolle der anderen hineinzuversetzen

(Role taking) und deren Erwartungen vorherzusagen. Wer also mit einer anderen Person spricht, passt seine Äußerungen an deren vermutete Erwartungen und an deren vorweggenommene (Gegen-)Argumente an. Das macht Dialoge effektiver als einseitige Kommunikation. Auf die PR-Journalismus-Beziehung angewandt kann das beispielsweise bedeuten: Ein PR-Praktiker geht davon aus, dass ein Journalist seine Pressemitteilung irrelevant finden wird, weshalb er sie gar nicht erst verschickt. Denn er weiß, dass der Journalist im Gegenzug von ihm erwartet, nur relevante Pressemitteilungen zu versenden. Verstößt der PR-Tätige wiederholt gegen diese Annahmen, kann er davon ausgehen, dass der Journalist seine zukünftigen Pressemitteilungen ungelesen löschen wird usw. usf.

Doch warum findet der Journalist eine Pressemitteilung relevant? Ihm geht es in der Regel nicht um persönliche Relevanz, sondern um die Relevanz, die die Pressemitteilung für das Publikum seines Mediums hat oder hätte. Solange er nicht davon überzeugt ist, dass die Meldung für die Rezipienten von Belang ist, wird er sie nicht übernehmen bzw. seinen Ressortleiter oder Chefredakteur nicht davon überzeugen können, sie zu übernehmen. Freilich können sowohl Journalisten als auch PR-Tätige lediglich Erwartungen zum Medienpublikum und seinen Interessen anstellen. Ob die Rezipienten eine Meldung *tatsächlich* relevant finden, können Journalisten und PR-Leute erst wissen, nachdem die Meldung erschienen ist und die Reaktionen des Publikums bekannt sind. Wir haben es also immer mit Interaktionen zwischen PR und Journalismus zu tun, in der sich beide Seiten nicht nur aneinander, sondern auch an den vorgestellten Erwartungen des Medienpublikums orientieren.

Das heißt zusammengefasst: Die Beziehung zwischen PR und Journalismus ist einerseits komplex, weil beide Seiten (a) unterschiedliche Ziele haben und weil sie (b) bei deren Umsetzung immer die Reaktionen eines vorgestellten Publikums prognostizieren müssen. Die Beziehung zwischen PR und Journalismus wird aber andererseits vereinfacht, weil sich beide Seiten auf dieselbe Instanz beziehen: das Publikum, das gleichzeitig die Anspruchsgruppen der PR bildet. Institutionelle Arrangements zwischen PR und Journalismus können also beispielsweise darin bestehen, sich über erwartete Reaktionen des Medienpublikums auszutauschen. Allerdings ist die Aufgabe der PR noch eine Stufe schwieriger. Sie hat sich nicht nur am vorgestellten Publikum zu orientieren, sondern auch an den Zielen ihrer Organisation. In der PR-Praxis sind diese teilweise bekannt, teilweise aber ebenfalls nur vorgestellt.

## 10. Fazit und Ausblick

Das Verhältnis zwischen Journalismus und PR ist geprägt von Nähe, wechselseitigen Abhängigkeiten und gemischten Gefühlen. Beide Professionen sind sich nah, was Aufgaben, Tätigkeiten und berufliche Hintergründe betrifft. Sie arbeiten unmittelbar zusammen – schließlich sind die Media Relations aus der Notwendigkeit heraus entstanden, mit Journalisten und Massenmedien zu kooperieren. Obwohl beide Professionen an einem gemeinsamen Produkt arbeiten, nämlich Nachrichten und Medienberichterstattung, und mit Medienpublika eine gemeinsame Zielgruppe haben, erfüllen sie unterschiedliche Funktionen: Der Journalismus ist in erster Linie dem öffentlichen Interesse verpflichtet, darf dabei aber die ökonomischen Grundlagen von Medienunternehmen nicht vergessen; PR-Praktiker dagegen vertreten immer die Interessen ihrer Auftraggeber – hoffentlich ohne dabei ihre öffentliche Verantwortung ganz zu ignorieren. Öffentlichkeitsarbeiter leisten also interessensgeleitete Kommunikation, ohne dass diese Interessen ihren persönlichen Interessen entsprechen müssen. Gleichzeitig treten sie als partnerschaftliche Dienstleister der Journalisten auf.

Das Verhältnis zwischen Journalismus und PR ist zweifellos komplex und vielschichtig. Deshalb können Theorien auch immer nur einen Ausschnitt dieses Verhältnisses beleuchten.

Theorieentwicklung im Rückblick

Lange Jahre hat es überwiegend abstrakte und normative Überlegungen zu den gesellschaftlichen Aufgaben beider Professionen gegeben. Sie blieben auf der Makroebene und damit weit weg von den Realitäten beruflicher Praxis.

Erst in den 1980er-Jahren legte Barbara Baerns eine erste Theorie vor, die sich konkret mit dem Verhältnis von PR und Journalismus befasste. Ihr Determinationsansatz beschränkte sich empirisch auf die manifesten Produkte der Medienarbeit, nämlich Pressemitteilungen und andere fixierte Dokumente, und untersuchte deren Einfluss auf die journalistische Berichterstattung. Wie die Zusammenarbeit zwischen beiden Seiten vonstatten geht, welche Motive und Strategien dahinter liegen, blendet der Ansatz aus. Dennoch hat sich Baerns das große Verdienst erworben, als erste das Verhältnis zwischen Journalismus und PR auf die Forschungsagenda der deutschsprachigen Kommunikationswissenschaft gesetzt zu haben. Ihr Fokus liegt eindeutig auf dem Journalismus, und ihre Sorge gilt dem Versagen des journalistischen Systems, das sich PR-Einflüssen aus ihrer Sicht zu wenig widersetzt. Die PR gilt hier lediglich als Störfaktor. Das zeigt: Obwohl Baerns selbst jahrelang als PR-Managerin gearbeitet und PR empirisch untersucht hat, hat sie es in ihrem Habilitationsprojekt nicht gewagt, die PR und ihre Strategien in den Mittelpunkt zu stellen, geschweige denn ihre Stärken und Leistungen. Das ist symptomatisch für die deutschsprachige Kommunikationswissenschaft Ende der 1970er-Jahre: PR galt damals als ungeliebtes, beinahe anrüchiges Feld. Zwar gab es bereits PR-Lehrbücher, doch diese stammten vorzugsweise von Praktikern, die wenig Kontakt zur akademischen Forschung und ihren Theorien hatten. In den USA gab es diese Trennung weit weniger.

Ende der 1990er-Jahre, also knapp zwanzig Jahre später, unternahmen Bentele und Kollegen einen zweiten theoretischen Anlauf. Mit dem Intereffikationsmodell stand erstmals die PR im Mittelpunkt einer Betrachtung zum Journalismus-PR-Verhältnis. In den 1980er-Jahren hatten es schon andere Kommunikationswissenschaftler gewagt, sich empirisch und aus PR-Sicht mit den Leistungen der PR für Organisationen und Gesellschaft zu beschäftigen: zunächst in den USA Grunig und Kollegen mit ihrer Excellence-Theorie und wenig später Roland Burkart in Österreich mit seinem Ansatz verständigungsorientierter Öffentlichkeitsarbeit. Das Feld zwischen Journalismus und PR – in systemtheoretischer Sprache: die Interprenetrationszone zwischen beiden Systemen – blieb aber ein schwieriges Areal.

Anfang der 1990er-Jahre dominierte dann ebendiese Systemtheorie zuerst die Journalismusforschung und später auch die PR-Forschung. Die Systemtheorie bot interessante Perspektiven zur Zusammenarbeit von PR und Journalismus, die über die Interessen und Handlungen Einzelner weit hinausgingen. Sie ermöglichte erstmals eine Analyse der Kompatibilitäten beider Systeme und Veränderungen im Zeitverlauf – die zentralen Sichworte sind Interpenetration, strukturelle Kopplung und (Ent-)Differenzierung. Gegen Ende der 1990er-Jahre begann die Vorherrschaft der Systemtheorie zu bröckeln. In der Journalismusforschung fügten Autoren wie Christoph Neuberger (2000) System- und Handlungstheorie zusammen, um Strukturen und Routinen in Redaktionen oder Medienunternehmen mit dem individuellen Verhalten von Journalisten zu verknüpfen. Just in dieser Zeit entstand dann auch der Intereffikationsansatz, der ebenfalls Phänomene auf der System-, Organisations- und Individualebene untersucht.

Medialisierung ist der neueste Trend. Die Perspektive entstand ursprünglich in der Forschung zu Wahlkämpfen und sonstiger politischer Kommunikation, wo die Bedeutung der Massenmedien über Jahrzehnte hinweg kontinuierlich zugenommen hat. Mittlerweile findet man den Medialisierungsansatz auch in ersten Studien zum Journalismus-PR-Verhältnis, und ich wage die Prognose, dass sich das in den kommenden Jahren verstärken wird.

Bedeutungszu- oder abnahme der Massenmedien?

Die Annahme einer Bedeutungszunahme der Massenmedien ist im Journalismus-PR-Zusammenhang eigentlich überraschend, wenn man die aktuelle Entwicklung betrachtet. Viele Hinweise sprechen für einen Bedeutungsrückgang des klassischen Journalismus: Sie reichen vom Personalabbau in Redaktionen über eingestellte Printtitel – zuletzt in den USA das traditionsreiche Nachrichtenmagazin Newsweek – bis hin zur Medienkonzentration auf allen Ebenen, über Ländergrenzen hinweg und mit sinkender publizistischer Vielfalt. Auf der anderen Seite gewinnen Medienberichterstattung und öffentliche Wahrnehmung für Organisationen weiter an Relevanz. Das kann man an steigenden PR-Etats, der Professionalisierung von Pressestellen, verstärktem Issues Management sowie einer zunehmenden Bedeutung von Presse-Clippings, Medienresonanzanalysen und Web-Monitoring erkennen (Röttger et al. 2011: 67f.).

Wie ist dieser Widerspruch zu erklären? Öffentliche Kommunikation und Meinungsbildung verlieren keineswegs an Bedeutung – sonst gäbe es keine steigenden Kommunikationsbudgets in Organisationen. Was sich jedoch verändert, ist die Rolle des Journalismus. Auf der einen Seite wird Öffentlichkeit im Internet zunehmend von den Anspruchsgruppen selbst geprägt: Bürger diskutieren in Foren politische Themen, NGOs üben durch virale Kampagnen Druck auf Unternehmen und Politiker aus, Konsumenten empfehlen in sozialen Netzwerken Produkte weiter oder beschimpfen sie, Facebook-Nutzer sind entweder Fans von Marken oder beteiligen sich an „Shitstorms“, Gäste bewerten in Konsumentenportalen Gaststätten und Hotels usw. Der Journalismus verliert damit hinsichtlich Artikulations- und Kritikfunktion seinen früheren Alleinvertretungsanspruch. Auf der anderen Seite erreichen Organisationen ihre Anspruchsgruppen einfacher und schneller an den klassischen Massenmedien vorbei über eigene Kanäle (Bypassing). Der Journalismus verliert also auch bei der Verbreitung von Informationen seine frühere exklusive Gatekeeper-Funktion.

Allen Veränderungen zum Trotz bleiben die Massenmedien bis auf weiteres der effizienteste Kanal für Organisationen, um viele Menschen in kurzer Zeit zu erreichen und ihr Vertrauen zu gewinnen. Paradoxerweise gewinnen Massenmedien dabei sogar an Bedeutung: Je mehr Organisationen die öffentliche Meinungsbildung zu beeinflussen versuchen, je aktiver sie ihre Anspruchsgruppen ansprechen, je bunter, lauter und penetranter Werbung wird, desto wichtiger sind journalistische Medien als erklärende, neutrale und vertrauenswürdige Instanz.

Das funktioniert allerdings nur so lange, wie es zu keinem Vertrauensverlust der Medien selbst kommt. Und hier zeichnet sich durchaus ein

Teufelskreis ab: Je schwieriger die Finanzierung von Medienangeboten aus Publikums- und Werbeerlösen, desto kleiner werden Redaktionen und desto schlechter die Arbeitsbedingungen von Journalisten (Gehalt, abonnierte Nachrichtenagenturen, Reisekosten usw.). Das schmälert langfristig die Attraktivität journalistischer Berufe und zwangsläufig auch die Qualität des Nachwuchses. Kurzfristig erhöht es die redaktionelle Abhängigkeit von PR-Content, die Bereitschaft zu zweifelhaften hybriden Werbeformen und die finanzielle Notwendigkeit zu intransparenten Koppelgeschäften. Früher oder später bemerkt das Publikum die zurückgehende Qualität und Unabhängigkeit der journalistischen Berichterstattung. Die Bereitschaft der Mediennutzer, für kostenpflichtige Medien zu bezahlen, sinkt deshalb noch weiter. Der Kreis schließt sich.

Es liegt im Interesse und in der Verantwortung von Journalismus und PR, diese Entwicklung zu verhindern oder zumindest abzubremsen. Denn ihre Symbiose kann auf Dauer nur funktionieren, wenn beide Systeme gesund und leistungsfähig sind. Ansonsten steht zu befürchten, dass sich die Ausdifferenzierung der Systeme PR und Journalismus – durchaus eine zivilisatorische Errungenschaft der letzten Jahrzehnte – zurückentwickelt. Wie gesagt: Die PR verfügt auch über andere Kanäle, um ihre Anspruchsgruppen zu erreichen. Der Journalismus hingegen steht unter Druck. Wie die Balance zwischen publizistischer Aufgabe und ökonomischen Notwendigkeiten gelingt, wird sich zeigen. Gelingt sie nicht, leiden darunter nicht nur Journalisten und Medienunternehmen, sondern die gesamte Gesellschaft.

theoretische Weiterentwicklung

Für die theoretische Weiterentwicklung in diesem Feld bedeuten die skizzierten Aspekte aus heutiger Sicht: Journalismus und PR nähern sich einander an und vermischen sich zunehmend. Gleichzeitig steigt ihre Verflechtung mit anderen Systemen oder Akteursgruppen. Zukünftige Theorien werden deshalb die isolierte Betrachtung von Journalismus und PR überwinden und in organisatorische und gesellschaftliche Zusammenhänge einbetten müssen. Während die Determinations- und Intereffikationstheorie noch mit den beiden Modellelementen PR und Journalismus zurechtkamen, berücksichtigt der Medialisierungsansatz von Raupp bereits das Publikum als drittes Element. Der nächste Schritt könnte darin bestehen, auch das Beziehungs- und Konfliktfeld zwischen Organisationen und ihrer PR in Hinsicht auf deren Verhältnis zu Journalisten zu betrachten. Denn je mehr sich PR und Journalismus annähern, desto anspruchsvoller wird die Koordination zwischen Organisationen und ihrer PR.

## 11. Top 10 der Forschungsliteratur

*Baerns, B. (1991). Öffentlichkeitsarbeit oder Journalismus? Zum Einfluß im Mediensystem. 2. Auflage. Köln: Verlag Wissenschaft und Politik.*

Die zweite Auflage der Buchpublikation zu Baerns' Determinationsthese von 1985. Aus heutiger Sicht ist die teilweise umständliche sprachliche Darstellung bemerkenswert sowie die Komplexität des Theorieteils, dem dann eine relativ schlichte empirische Studie folgt. Dennoch lohnt es sich auch heute noch, ins Original hineinzulesen, um die damalige Debatte und ihre Hintergründe besser nachvollziehen zu können. Jüngeren Lesern wird einiges heute merkwürdig fremd vorkommen.

*Bentele, G. & Nothhaft, H. (2004). Das Intereffikationsmodell. Theoretische Weiterentwicklung, empirische Konkretisierung und Desiderate. In Altmeppen, K.-D., Röttger, U. & Bentele, G. (Hrsg.), Schwierige Verhältnisse. Interdependenzen zwischen Journalismus und PR (S. 67-104). Wiesbaden: VS.*

Der beste Überblick über den Intereffikationsansatz. Erläutert alle grundsätzlichen Argumente der ersten Publikation (Bentele et al. 1997b), reagiert auf bisherige Kritik und stellt eine Fülle relevanter empirischer Befunde zusammen.

*Riesmeyer, C. (2007). Wie unabhängig ist Journalismus? Zur Konkretisierung der Determinationsthese. Konstanz: UVK.*

Groß angelegte Determinationsstudie, die inhaltsanalytisch die gesamte Landesberichterstattung einer typischen deutschen Regionalzeitung (Thüringer Allgemeine) auf PR-Inhalte durchsucht. Um auch individuelle Vorlieben, redaktionelle Strukturen und Routinen sowie ökonomische Aspekte zu erfassen, umfasst die Fallstudie ferner teilnehmende Redaktionsbeobachtungen und vier Leitfadeninterviews mit Redakteuren der Landes- und Lokalressorts.

*Hoffjann, O. (2007). Journalismus und Public Relations: ein Theorieentwurf der Intersystembeziehungen in sozialen Konflikten. 2. erw. Auflage. Wiesbaden: VS.*

Ein anspruchsvoller systemtheoretischer Theorieentwurf zu den Beziehungen zwischen Journalismus und PR. Ursprünglich 2001 veröffentlicht, erlebte der Band 2007 eine Zweitauflage. Grundlegende Vorkenntnisse zur Systemtheorie sind dringend zu empfehlen. Zweifellos der umfassendste theoretische Beitrag zum Feld, verliert sich jedoch teilweise in theoretischem Kleinklein.

*Raupp, J. & Vogelgesang, J. (2009). Medienresonanzanalyse. Eine Einführung in Theorie und Praxis. Wiesbaden: VS.*
Eigentlich ein Lehrbuch zur Medienresonanzanalyse, liefert der Band einen gut lesbaren und kompetenten Überblick über das Themengebiet und die methodischen Grundlagen von Presse-Clippings bis zu anspruchsvollen Input-Output-Analysen.

*Hoffmann, J. (2003). Inszenierung und Interpenetration. Das Zusammenspiel von Eliten aus Politik und Journalismus. Wiesbaden: VS.*
Eigentlich kein Buch zum Verhältnis zwischen PR und Journalismus. Dennoch ist die gleichermaßen system- und handlungstheoretisch inspirierte Analyse für alle lesenswert, die sich für das Verhältnis zwischen politischen Akteuren und Journalismus interessieren. Vor allem die Befragungen (damals) aktueller und ehemaliger Politiker und leitender Redakteure zeichnen ein anschauliches Bild von ihrem professionellen Verhältnis zueinander.

*Altmeppen, K.-D., Röttger, U. & Bentele, G. (Hrsg.)(2004). Schwierige Verhältnisse. Interdependenzen zwischen Journalismus und PR. Wiesbaden: VS*
Zwar schon einige Jahre alt, aber trotzdem der aktuellste und umfassendste Sammelband zum Verhältnis zwischen PR und Journalismus. Enthält theoretische und empirische Beiträge fast aller relevanten Autoren.

*Schnedler, T. (2008). Getrennte Welten? Journalismus und PR in Deutschland (nr-Werkstatt, Band 8). Online: http://www.netzwerkrecherche.de/files/nr-werkstatt-08-getrennte-welten.pdf (23.10.2012).*
Erste von zwei überaus empfehlenswerten Bänden des ‚netzwerk recherche' zum Thema. Dieser Beitrag liefert auf den ersten Seiten einen komprimierten Überblick über die Forschung zum Verhältnis zwischen Journalismus und PR. Danach gibt es lesenswerte Interviews mit Journalistenvertretern und Wissenschaftlern.

*Schnedler, T. (Hrsg.) (2011). Getrennte Welten? Journalismus und PR in Deutschland (2011) (nr-Werkstatt, Nr. 20). Wiesbaden: netzwerk recherche. Online: http://www.netzwerkrecherche.de/files/nr-werkstatt-20-getrennte-welten-2011.pdf (23.10.2012).*
Der Online-Sammelband trägt die Ergebnisse der Tagung „Journalismus und PR – zwischen Kooperation und Konfrontation" von 2011 zusammen, die das ‚netzwerk recherche' zusammen mit der Universität Hamburg ausgerichtet hat. Wieder ein Füllhorn von aktuellen empirischen Befunden, Praxisbeispielen und Einschätzungen.

*Holiday, R. (2012). Trust Me, I'm Lying: Confessions of a Media Manipulator. New York, London u.a.: Portfolio/Penguin.*
Keine akademische oder theoretische Studie, sondern – wie der Titel sagt – die Beichte eines US-Medienmanipulators. Hochaktuell, süffig geschrieben und voll gepackt mit teilweise haarsträubenden Beispielen aus der Media Relations-Praxis.

## Literatur


Altmeppen, K.-D. (1999). Redaktionen als Koordinationszentren. Beobachtungen journalistischen Handelns. Opladen: Westdeutscher Verlag.

Altmeppen, K.-D., Röttger, U. & Bentele, G. (Hrsg.) (2004). *Schwierige Verhältnisse. Interdependenzen zwischen Journalismus und PR*. Wiesbaden: VS.

Aronoff, C. (1976). Predictors of success in placing news releases in newspapers. Public Relations Review, 2 (4): 43-57.

Baerns, B. (1979). Öffentlichkeitsarbeit als Determinante journalistischer Informationsleistungen *Publizistik*, *24* (3): 301-316.

Baerns, B. (1991). *Öffentlichkeitsarbeit oder Journalismus? Zum Einfluß im Mediensystem. 2. Auflage (erstmals erschienen 1985)*. Köln: Verlag Wissenschaft und Politik.

Baerns, B. & Feldschow, M. (2004). Der Trennungsgrundsatz. Relevanz und Umsetzung des Grundsatzes der Trennung von Werbung und redaktionellem Teil. In Duve, F. & Haller, M. (Hrsg.), *Leitbild Unabhängigkeit. Zur Sicherung publizistischer Verantwortung* (S. 131-144). Konstanz: UVK.

Barth, H. & Donsbach, W. (1992). Aktivität und Passivität von Journalisten gegenüber Public Relations. Fallstudie am Beispiel von Pressekonferenzen zu Umweltthemen. *Publizistik*, *36*: 151-165.

Beck, K. (2010). *Kommunikationswissenschaft. 2. Auflage*. Konstanz: UVK.

Bentele, G. (1997 a). Grundlagen der Public Relations. Positionsbestimmung und einige Thesen. In Donsbach, W. (Hrsg.), *Public Relations in Theorie und Praxis. Grundlagen und Arbeitsweise der Öffentlichkeitsarbeit in verschiedenen Funktionen* (S. 21-36). München: Reinhard Fischer.

Bentele, G. (1997 b). PR-Historiographie und funktional-integrative Schichtung. Ein neuer Ansatz zur PR-Geschichtsschreibung. In Szyszka, P. (Hrsg.), *Auf der Suche nach Identität: PR-Geschichte als Theoriebaustein* (S. 137-169). Berlin: Vistas.

Bentele, G. (2008 a). Ethik der Public Relations – Grundlagen und Probleme. In Bentele, G., Fröhlich, R. & Szyszka, P. (Hrsg.), *Handbuch der Public Relations. Wissenschaftliche Grundlagen und berufliches Handeln. Mit Lexikon. 2., korrigierte und erweitere Aufage.* (S. 565-577). Wiesbaden: VS Verlag für Sozialwissenschaften.

Bentele, G. (2008 b). Intereffikationmodell. In Bentele, G., Fröhlich, R. & Szyszka, P. (Hrsg.), *Handbuch der Public Relations. Wissenschaftliche Grundlagen und berufliches Handeln. Mit Lexikon. 2., korrigierte und erweitere Auflage.* (S. 209-222). Wiesbaden: VS Verlag für Sozialwissenschaften.

Bentele, G., Fechner, R., Dolderer, U. & Seidenglanz, R. (2012). *Profession Pressesprecher 2012. Vermessung eines Berufsstands.* Berlin: Helios.

Bentele, G., Großkurth, L. & Seidenglanz, R. (2009). *Profession Pressesprecher 2009. Vermessung eines Berufsstandes.* Berlin: Helios.

Bentele, G., Liebert, T. & Seeling, S. (1997 a). Intereffikationsmodell. Von der Determination zur Intereffikation. Ein integriertes Modell zum Verhältnis von Public Relations und Journalismus. Bentele, G., Liebert, T. & Seeling, S. Konstanz, UVK Medien: 225-250.

Bentele, G., Liebert, T. & Seeling, S. (1997 b). Von der Determination zur Intereffikation. Ein integriertes Modell zum Verhältnis von Public Relations und Journalismus. In Bentele, G. & Haller, M. (Hrsg.), *Aktuelle Entstehung von Öffentlichkeit. Akteure - Strukturen - Veränderungen* (S. 225-250). Konstanz: UVK Medien.

Bentele, G. & Nothhaft, H. (2004). Das Intereffikationsmodell. Theoretische Weiterentwicklung, empirische Konkretisierung und Desiderate. In Altmeppen, K.-D., Röttger, U. & Bentele, G. (Hrsg.), *Schwierige Verhältnisse. Interdependenzen zwischen Journalismus und PR* (S. 67-104). Wiesbaden: VS.

Bentele, G. & Nothhaft, H. (2008). Determination (Lexikon). In Bentele, G., Fröhlich, R. & Szyszka, P. (Hrsg.), *Handbuch der Public Relations. Wissenschaftliche Grundlagen und berufliches Handeln. Mit Lexikon. 2., korrigierte und erweitere Auflage.* (S. 584-585). Wiesbaden: VS Verlag für Sozialwissenschaften.

Berens, H. (2001). *Prozesse der Thematisierung in publizistischen Konflikten. Ereignismanagement, Medienresonanz und Mobilisierung der Öffentlichkeit am Beispiel von Castor und Brent Spar.* Opladen: Westdeutscher Verlag.

Bernays, E.L. (2004). *Crystallizing Public Opinion (zuerst 1923).* Whitefish, MT: Kessinger.

Besson, N.A. (2004). *Strategische PR-Evaluation. Erfassung, Bewertung und Kontrolle von Öffentlichkeitsarbeit. 2., durchgesehene Auflage.* Wiesbaden: VS.

Bischl, K. (2011). *Die professionelle Pressemitteilung. Ein Leitfaden für Unternehmen, Institutionen, Verbände und Vereine.* Wiesbaden: VS.

Bland, M., Theaker, A. & Wragg, D.W. (2005). *Effective Media Relations: How to Get Results (Public Relations in Practice). 3rd Edition.* London Sterling, VA: Kogan Page.

Blöbaum, B. (1994). *Journalismus als soziales System.* Opladen: Westdeutscher Verlag.

Blöbaum, B. (2004). Organisationen, Programme und Rollen. Die Struktur des Journalismus. In Löffelholz, M. (Hrsg.), *Theorien des Journalismus. Ein diskursives Handbuch. 2. Vollständig überarbeitete und erweiterte Auflage* (S. 201-216). Wiesbaden: VS.

Boorstin, D.J. (1987). *Das Image. Der amerikanische Traum (zuerst 1961).* Reinbek bei Hamburg: Rowohlt.

Broom, G.M. (2008). *Cutlip & Center's Effective Public Relations. 10. Auflage.* Englewood Cliffs, NJ: Prentice Hall.

Brosius, H.-B. & Eps, P. (1993). Verändern Schlüsselereignisse journalistische Selektionskriterien? Framing am Beispiel der Berichterstattung über Anschläge gegen Ausländer und Asylanten. *Rundfunk und Fernsehen, 41* (4): 512-530.

Bulkow, K. & Schweiger, W. (2013). Agenda Setting. In Schweiger, W. & Fahr, A. (Hrsg.), *Handbuch Medienwirkungsforschung* (S. 169-188). Wiesbaden: VS.

Burkart, R. (1998). *Kommunikationswissenschaft. Grundlagen und Problemfelder; Umrisse einer interdisziplinären Sozialwissenschaft.* Wien, Köln, Weimar: Böhlau.

Burkart, R. (2008). Verständigunsorientierte Öffentlichkeitsarbeit. In Bentele, G., Fröhlich, R. & Szyszka, P. (Hrsg.), *Handbuch der Public Relations. Wissenschaftliche Grundlagen und berufliches Handeln. Mit Lexikon. 2., korrigierte und erweitere Auflage.* (S. 223-240). Wiesbaden: VS.

Cameron, G.T., Sallott, L.M. & Curtin, P. (1997). Public Relations and the Production of News. A Critical Review and Theoretical Framework. In Burleson, B. R. & Kunkel, A. W. (Hrsg.), *Communication Yearbook, Vol. 20* (S. 111-155). Thousand Oaks: Sage.

Cutlip, S.M. (1962). Third of Newspapers' Content PR-inspired. *Editor & Publisher vom 26.05.1962*: 68.

Davies, N. (2009). *Flat Earth News.* London: Vintage/Random House.

Davison, W.P. (1983). The Third-Person-Effect in Communication. *Public Opinion Quarterly, 47*: 1-15.

DeLorme, D.E. & Fedler, F. (2003). Journalists' hostility toward public relations: an historical analysis. *Public Relations Review*, *29* (2): 99-124.

Donsbach, W. (1997). Legitimität und Effizienz von PR. In Donsbach, W. (Hrsg.), *Public Relations in Theorie und Praxis. Grundlagen und Arbeitsweise der Öffentlichkeitsarbeit in verschiedenen Funktionen* (S. 7-20). München: Reinhard Fischer.

Donsbach, W. & Jandura, O. (2005 a). Auf verlorenem Posten. Selbstdarstellung der Parteien in Pressemitteilungen und ihre Darstellung in den Medien. In Noelle-Neumann, E., Donsbach, W. & Kepplinger, H. M. (Hrsg.), *Wählerstimmungen in der Mediendemokratie. Analysen auf der Basis des Bundestagswahlkampfs 2002* (S. 44-68). Freiburg, München: Alber.

Donsbach, W. & Jandura, O. (2005 b). Rückkehr des Kanzlerbonus. Redepräsenz der Kanzlerkandidaten in den Fernsehnachrichten. In Noelle-Neumann, E., Donsbach, W. & Kepplinger, H. M. (Hrsg.), *Wählerstimmungen in der Mediendemokratie. Analysen auf der Basis des Bundestagswahlkampfs 2002* (S. 69-90). Freiburg, München: Alber.

Donsbach, W. & Wetzel, A. (2002). Aktivität und Passivität von Journalisten gegenüber parlamentarischer Pressearbeit. Inhaltsanalyse von Pressemitteilungen und Presseberichterstattung am Beispiel der Fraktionen des Sächsischen Landtags *Publizistik*, *47* (4): 373-387.

Entman, R.M. (1991). Framing U.S. Coverage of International News: Contrasts in Narratives of the KAL and Iran Air Incidents. *Journal of Communication*, *41* (4): 6-27.

Frees, B. & Fisch, M. (2011). Veränderte Mediennutzung durch Communitys? *Media Perspektiven* (3): 154-164.

Fröhlich, R. & Kerl, K. (2012). Das Bild der Public Relations in der Qualitätspresse. Eine Langzeitanalyse. *Publizistik*, *57*: 179–203.

Fröhlich, R. & Rüdiger, B. (2004). Determinierungsforschung zwischen PR-„Erfolg" und PR-„Einfluss". Zum Potential des Framing-Ansatzes für die Untersuchung der Weiterverarbeitung von Polit-PR durch den Journalismus. In Raupp, J. & Klewes, J. (Hrsg.), *Quo vadis Public Relations? Auf dem Weg zum Kommunikationsmanagement: Bestandsaufnahmen und Entwicklungen* (S. 125-141). Wiesbaden: VS.

Galtung, J. & Ruge, M. (1974). Structuring and Selecting News. In Cohen, S. & Young, J. (Hrsg.), *The Manufacture of News. Social*

*Problems, Deviance and the Mass Media* (S. 62-72). London: Constable.

Gandy, O.H. (1982). *Beyond Agenda-Setting: Information Subsidies and Public Policy.* Norwood, NJ: Ablex.

Gazlig, T. (1999). Erfolgreiche Pressemitteilungen. Über den Einfluss von Nachrichtenfaktoren auf die Publikationschancen. *Publizistik, 44* (2): 185-199.

Gerhards, J. & Neidhardt, F. (1991). Strukturen und Funktionen moderner Öffentlichkeit. Fragestellungen und Ansätze. In Müller-Doohm, S. & Neumann-Braun, K. (Hrsg.), *Öffentlichkeit, Kultur, Massenkommunikation. Beiträge zur Medien- und Kommunikationssoziologie* (S. 31-89). Oldenburg: Bibliotheks- und Informationssystem der Universität Oldenburg.

Giddens, A. (1984). *The constitution of society: Outline of the theory of structuration.* Berkeley: University of California Press.

Gilpin, D. (2010). Organizational Image Construction in a Fragmented Online Media Environment. *Journal of Public Relations Research, 22* (3): 265-287.

Goepfert, W. (2003). Public Relations: Am Tropf der Industrie. *Message* (4): 43.

Goeßmann, D. (2011). Fake-News und Tele-PR. Wie TV-Sender und Internetportale ihre Zuschauer betrügen. In Schnedler, T. (Hrsg.), *Getrennte Welten? Journalismus und PR in Deutschland (2011) (nr-Werkstatt, Nr. 20)* (S. 19-23). Wiesbaden: Netzwerk Recherche. Online: http://www.netzwerkrecherche.de/files/nr-werkstatt-20-getrennte-welten-2011.pdf.

Grunig, J.E. & Hunt, T. (1984). *Managing Public Relations.* New York: Holt, Rinehart and Winston.

Habermas, J. (2001). *Strukturwandel der Öffentlichkeit (zuerst 1962).* Frankfurt am Main: Suhrkamp.

Hallahan, K. (1999). Seven Models of Framing: Implications for Public Relations. *Journal of Public Relations Research, 11* (3): 205-242.

Haller, M. & Hiller, A. (2005). Basisnorm – Redaktionelle Unabhängigkeit. Wie groß der Einfluss von Public-Relations auf deutsche Tageszeitungen wirklich ist. *message* (3): 15-17.

Hanitzsch, T. (2004). Integration oder Koorientierung? Risiken funktionaler Differenzierung und Journalismustheorie. In Löffelholz, M. (Hrsg.), *Theorien des Journalismus. Ein diskursives Handbuch. 2. Vollständig überarbeitete und erweiterte Auflage* (S. 217-232). Wiesbaden: VS.

Harlow, R. (1976). Building a Public Relations Definition. *Public Relations Review*, 2 (4): 34-42.

Harris, A.C. (1961). Publicity releases: Why they end up in the wastebasket. *Industrial Marketing*, *46*: 98-100.

Haufe, G. (1989). Steuerung. In Nohlen, D. & Schultze, R.-O. (Hrsg.), *Lexikon der Politikwissenschaft. Theorien, Methoden, Befunde* (S. 993). München: C.H. Beck.

Henderson, J.K. (1998). Negative connotations in the use of the term "public relations" in the print media. *Public Relations Review*, *24* (1): 45-54.

Hoffjann, O. (2007). *Journalismus und Public Relations: ein Theorieentwurf der Inter- systembeziehungen in sozialen Konflikten. 2. erw. Auflage*. Wiesbaden: VS.

Hoffmann, J. (2003). *Inszenierung und Interpenetration. Das Zusammenspiel von Eliten aus Politik und Journalismus*. Wiesbaden: VS.

Höhn, T.D. (2005). Die heimlichen Verführer. *message* (4): 52-55.

Holiday, R. (2012). *Trust Me, I'm Lying: Confessions of a Media Manipulator*. New York, London u.a.: Portfolio/Penguin.

Hong, S.Y. (2008). The relationship between newsworthiness and publication of news releases in the media. *Public Relations Review*, *34* (3): 297-299.

Hönisch, K. (2012). Rechercheverhalten von Journalisten im Web 2.0. Eine Stichprobe in Bayern. Unveröffentlichte Bachelorarbeit an der TU Ilmenau.

Jarolimek, S., Dubowicz, A., Greyer, J., Kunkel, J., Obst, R., Sängerlaub, A., Schink, C., Thobaben, T. & Vogt, M. (2010). Öffentliches und Geheimes. *Publizistik*, *55* (4): 405-425.

Jarren, O. & Röttger, U. (2009). Steuerung, Reflexierung und Interpenetation: Kernelemente einer strukturationstheoretisch begründeten PR-Theorie. In Röttger, U. (Hrsg.), *Theorien der Public Relations: Grundlagen und Perspektiven der PR-Forschung. 2., aktualisierte und erweiterte Auflage* (S. 29-49). Wiesbaden: VS.

Jungnickel, K. (2011). Nachrichtenqualität aus Nutzersicht. Ein Vergleich zwischen Leserurteilen und wissenschaftlich-normativen Qualitätsansprüchen. *Medien & Kommunikationswissenschaft*, *59* (3): 360-378.

Kamps, K. (Hrsg.) (2000). *Trans-Atlantik - Trans-Portabel? Die Amerikanisierungsthese in der politischen Kommunikation*. Opladen: Westdeutscher Verlag.

Kepplinger, H.M. (1989). Theorien der Nachrichtenauswahl als Theorien der Realität. *Aus Politik und Zeitgeschichte, B15*: o.S.

Kepplinger, H.M. (1999). Medien - Objekte der Begierde. In Rolke, L. & Wolff, V. (Hrsg.), *Wie die Medien die Wirklichkeit steuern und wie sie selbst gesteuert werden* (S. 127-140). Opladen: Westdeutscher Verlag.

Kepplinger, H.M. (2001). Der Ereignisbegriff in der Publizistikwissenschaft. *Publizistik, 46* (1): 117-139.

Kepplinger, H.M. (2007). Politiker als Protagonisten der Medien. *Zeitschrift für Politik, 54* (3): 272-295.

Kepplinger, H.M. (2008). Was unterscheidet die Mediatisierungsforschung von der Medienwirkungsforschung? *Publizistik, 53* (3): 326-338.

Kepplinger, H.M. & Maurer, M. (2004). Der Einfluss der Pressemitteilungen der Bundesparteien auf die Berichterstattung im Bundestagswahlkampf 2002. In Raupp, J. & Klewes, J. (Hrsg.), *Quo vadis Public Relations? Auf dem Weg zum Kommunikationsmanagement: Bestandsaufnahmen und Entwicklungen* (S. 113-124). Wiesbaden: VS.

Kepplinger, H.M., Noelle-Neumann, E. & Donsbach, W. (1999). *Kampa. Meinungsklima und Medienwirkung im Bundestagswahlkampf 1998*. Freiburg, München: Alber.

Kunczik, M. (2002). *Public Relations. Konzepte und Theorien. 4. Auflage*. Köln, Weimar, Wien: Böhlau.

Lee, T. (2008). Bias in the news. In Donsbach, W. (Hrsg.), *The International Encyclopedia of Communication* (S. 3365-3376). Oxford, UK, Malden, MA: Wiley-Blackwell.

Leif, T. (2011). Die Ampel leuchtet rot – Warum PR und Journalismus Welten trennen. In Schnedler, T. (Hrsg.), *Getrennte Welten? Journalismus und PR in Deutschland (2011) (nr-Werkstatt, Nr. 20)* (S. 7-9). Wiesbaden: Netzwerk Recherche. Online: http://www.netzwerkrecherche.de/files/nr-werkstatt-20-getrennte-welten-2011.pdf.

Leif, T. & Speth, R. (Hrsg.) (2003). *Die stille Macht: Lobbyismus in Deutschland*. Opladen: Westdeutscher Verlag.

Lewis, J., Williams, A. & Franklin, B. (2008). A Compromised Fourth Estate? UK News Journalism, Public Relations and News Sources. *Journalism Studies, 9* (1): 1-20.

Lies, J. (Hrsg.) (2008). *Public Relations. Ein Handbuch*. Konstanz: UVK.

Lippmann, W. (1922). *Public Opinion*. New York: Free Press.

Luhmann, N. (1984). *Soziale Systeme. Grundriss einer allgemeinen Theorie*. Frankfurt a.M.: Suhrkamp.

Maier, M., Stengel, K. & Marschall, J. (2010). *Nachrichtenwerttheorie*. Baden-Baden: Nomos.

Marcinkowski, F. (1993). *Publizistik als autopoietisches System. Politik und Massenmedien - eine systemtheoretische Analyse*. Opladen: Westdeutscher Verlag.

Martin, W.P. & Singletary, M.W. (1981). Newspaper Treatment of State Government Releases. *Journalism Quarterly, 58* (1): 93-96.

Mast, C. (Hrsg.) (2012). *ABC des Journalismus. Ein Handbuch. 12., völlig überarbeitete Auflage*. Konstanz: UVK.

Mead, G.H. (1934). *Mind, Self, and Society. From the Standpoint of a Social Behaviorist*. Chicago, IL: University of Chicago Press.

Merten, K. (1997). Lob des Flickenteppichs. Zur Genesis von Public Relations. *Public Relations Forum für Wissenschaft und Praxis, 3* (4): 22-31.

Merten, K. (2004). Mikro, Mikro-Makro oder Makro? Zum Verhältnis von Journalismus und PR aus systematischer Perspekive. In Altmeppen, K.-D., Röttger, U. & Bentele, G. (Hrsg.), *Schwierige Verhältnisse. Interdependenzen zwischen Journalismus und PR* (S. 17-36). Wiesbaden: VS.

Metzler, C.R. & Helbling, A. (1953). *Das Unternehmen und die öffentliche Meinung. Public Relations*. Thalwil-Zürich: Oesch.

Meyen, M. (2009). Medialisierung. *Medien & Kommunikationswissenschaft, 57* (1): 23-38.

Morton, L.P. (1986). How Newspapers Choose the Releases They Use. *Public Relations Review, 12* (3): 22-27.

Neuberger, C. (2000). Journalismus als systembezogene Akteurkonstellation. Vorschläge für die Verbindung von Akteur-, Institutionen- und Systemtheorie. In Löffelholz, M. (Hrsg.), *Theorien des Journalismus. Ein diskursives Handbuch* (S. 275-291). Opladen: Westdeutscher Verlag.

Nissen, P. & Menningen, W. (1977). Der Einfluss der Gatekeeper auf die Themenstruktur der Öffentlichkeit. *Publizistik* (2): 159-180.

Noelle-Neumann, E. (1973). Kumulation, Konsonanz und Öffentlichkeitseffekt. Ein neuer Ansatz zur Analyse der Wirkung der Massenmedien. *Publizistik, 18*: 26-55.

Oberreuther, H. (1987). *Stimmungsdemokratie. Strömungen im politischen Bewußtsein*. Zürich, Osnabrück: Edition Interfrom.

Oeckl, A. (1964). *Handbuch der Public Relations. Theorie und Praxis der Öffentlichkeitsarbeit in Deutschland und der Welt.* München: Süddeutscher Verlag München.

Okay, A. & Okay, A. (2004). Die Beziehungen von PR-Verantwortlichen und Journalisten in der Türkei. In Altmeppen, K.-D., Röttger, U. & Bentele, G. (Hrsg.), *Schwierige Verhältnisse. Interdependenzen zwischen Journalismus und PR* (S. 121-142). Wiesbaden: VS.

Oriella_PR-Network (2012). Einfluss nehmen. Wie Nachrichten heute recherchiert und verbreitet werden. Ergebnisse der Studie „Digital Journalism 2012“ des internationalen PR-Netzwerks Oriella. Online: http://de.slideshare.net/FFPR/studie-digital-journalism-2012/download (Letzter Zugriff).

Patterson, T.E. & McClure, R.D. (1976). *The Unseeing Eye. The Myth of Television Power in National Elections.* New York: Putnam.

Plasser, F. (1989). Medienlogik und Parteienwettbewerb. In Böckelmann, F. E. (Hrsg.), *Medienmacht und Politik* (S. 207-218). Berlin: Spiess.

Quandt, T. (2005). *Journalisten im Netz. Eine Untersuchung journalistischen Handelns in Online-Redaktionen.* Wiesbaden: VS.

Raupp, J. (2004). Berufsethische Kodizes als Konfliktvermeidungsprogramme. PR-Kodizes und Pressekodizes im Vergleich. In Altmeppen, K.-D., Röttger, U. & Bentele, G. (Hrsg.), *Schwierige Verhältnisse. Interdependenzen zwischen Journalismus und PR* (S. 181-195). Wiesbaden: VS.

Raupp, J. (2008). Determinationsthese. In Bentele, G., Fröhlich, R. & Szyszka, P. (Hrsg.), *Handbuch der Public Relations. Wissenschaftliche Grundlagen und berufliches Handeln. Mit Lexikon. 2., korrigierte und erweitere Auflage.* (S. 192-208). Wiesbaden: VS.

Raupp, J. (2009). Medialisierung als Parameter einer PR-Theorie. In Röttger, U. (Hrsg.), *Theorien der Public Relations: Grundlagen und Perspektiven der PR-Forschung. 2., aktualisierte und erweiterte Auflage* (S. 265-284). Wiesbaden: VS.

Raupp, J., Jarolimek, S. & Schultz, F. (2010). Corporate Social Responsibility als Gegenstand der Kommunikationsforschung. In Raupp, J., Jarolimek, S. & Schultz, F. (Hrsg.), *Handbuch Corporate Social Responsibility: Kommunikationswissenschaftliche Grundlagen und methodische Zugänge. Mit Lexikonteil* (S. 9-42). Wiesbaden: VS.

Raupp, J. & Vogelgesang, J. (2009). *Medienresonanzanalyse. Eine Einführung in Theorie und Praxis.* Wiesbaden: VS.

Riesmeyer, C. (2007). *Wie unabhängig ist Journalismus? Zur Konkretisierung der Determinationsthese.* Konstanz: UVK.

Rolke, L. (1999). Journalisten und PR-Manager - eine antagonistische Partnerschaft mit offener Zukunft. In Rolke, L. & Wolff, V. (Hrsg.), *Wie die Medien die Wirklichkeit steuern und wie sie selbst gesteuert werden* (S. 223-248). Opladen: Westdeutscher Verlag.

Rolke, L. (2009). Public Relations - die Lizenz zur Mitgestaltung öffentlicher Meinung. Umrisse einer neuen PR-Theorie. In Röttger, U. (Hrsg.), *Theorien der Public Relations. Grundlagen und Perspektiven der PR-Forschung. 2., aktualisierte und erweiterte Auflage.* (S. 173-198). Wiesbaden: VS Verlag für Sozialwissenschaften.

Ronneberger, F. (1977). *Legitimation durch Information.* Düsseldorf, Wien: Econ.

Ronneberger, F. & Rühl, M. (1992). *Theorie der Public Relations. Ein Entwurf.* Opladen: Westdeutscher Verlag.

Röttger, U. (2008). Berufsgeschichte: Schweiz. In Bentele, G., Fröhlich, R. & Szyszka, P. (Hrsg.), *Handbuch der Public Relations. Wissenschaftliche Grundlagen und berufliches Handeln. Mit Lexikon. 2., korrigierte und erweitere Auflage.* (S. 396-406). Wiesbaden: VS.

Röttger, U. (2009). *Theorien der Public Relations: Grundlagen und Perspektiven der PR-Forschung. 2., aktualisierte und erweiterte Auflage.* Wiesbaden: VS.

Röttger, U., Preusse, J. & Schmitt, J. (2011). *Grundlagen der Public Relations. Eine kommunikationswissenschaftliche Einführung.* Wiesbaden: VS.

Rühl, M. (1980). *Journalismus und Gesellschaft. Bestandsaufnahme und Theorieentwurf.* Frankfurt a.M.: von Hase + Koehler.

Ruß-Mohl, S. (1994). Symbiose oder Konflikt. Öffentlichkeitsarbeit oder Journalismus. In Jarren, O. (Hrsg.), *Medien und Journalismus. Eine Einführung, Band 1* (S. 163-176). Opladen: Westdeutscher Verlag.

Ruß-Mohl, S. (1999). Spoonfeeding, Spinning, Whistleblowing. Beispiel USA: Wie sich die Machtbalance zwischen PR und Journalismus verschiebt. In Rolke, L. & Wolff, V. (Hrsg.), *Wie die Medien die Wirklichkeit steuern und wie sie selbst gesteuert werden* (S. 163-176). Opladen: Westdeutscher Verlag.

Ruß-Mohl, S. (2000). Zur Machtbalance zwischen PR und Journalismus. *Verbändereport*(7) www.verbaende.com/files/fuer_verbaende/vr/phplib/F4563901C1D04AB4A400313936E457F4.htm?id=174.

Saffarnia, P.A. (1993). Determiniert Öffentlichkeitsarbeit tatsächlich den Journalismus? Empirische Belege und theoretische Überlegungen gegen die PR-Determinierungsannahme. *Publizistik, 38* (3): 412-425.

Sallot, L.M. & Johnson, E. (2006). To contact ... or not? Investigating journalists' assessments of public relations subsidies and contact preferences. *Public Relations Review, 32*: 83-86.

Sarcinelli, U. (1998). Politikvermittlung. In Jarren, O., Sarcinelli, U. & Saxer, U. (Hrsg.), *Politische Kommunikation in der demokratischen Gesellschaft. Ein Handbuch* (S. 702-703). Opladen: Westdeutscher Verlag.

Schantel, A. (2000). Determination oder Intereffikation? Eine Metaanalyse der Hypothesen zur PR-Journalismus-Beziehung. *Publizistik, 45* (1): 70-88.

Schnedler, T. (2008). Getrennte Welten? Journalismus und PR in Deutschland (nr-Werkstatt, Band 8). Online: http://www.netzwerkrecherche.de/files/nr-werkstatt-08-getrennte-welten.pdf (Letzter Zugriff: 04.07.2013).

Schnedler, T. (Hrsg.) (2011). *Getrennte Welten? Journalismus und PR in Deutschland (2011) (nr-Werkstatt, Nr. 20).* Wiesbaden: netzwerk recherche. Online: http://www.netzwerkrecherche.de/files/nr-werkstatt-20-getrennte-welten-2011.pdf (Letzter Zugriff: 04.07.2013)

Schnettler, K. (2006). Gewollte Unschärfe. Zum Verhältnis von PR und Journalismus. In Rager, G., Graf-Szczuka, K., Hassemer, G. & Süper, S. (Hrsg.), *Zeitungsjournalismus. Empirische Leserschaftsforschung* (S. 27-34). Konstanz: UVK.

Scholl, A. (2004). Steuerung oder strukturelle Kopplung? Kritik und Erneuerung theoretischer Ansätze und empirischer Operationalisierungen. In Altmeppen, K.-D., Röttger, U. & Bentele, G. (Hrsg.), *Schwierige Verhältnisse. Interdependenzen zwischen Journalismus und PR* (S. 37-51). Wiesbaden: VS.

Schönhagen, P. (2006). Die Wiedergabe fremder Aussagen — eine alltägliche Herausforderung für den Journalismus. *Publizistik, 51* (4): 498-512.

Schönhagen, P. (2008). Ko-Evolution von Public Relations und Journalismus: Ein erster Beitrag zu ihrer systematischen Aufarbeitung. *Publizistik, 53* (1): 9-24.

Schultz, F. & Wehmeier, S. (2010). Online Relations. In Schweiger, W. & Beck, K. (Hrsg.), *Handbuch Online-Kommunikation* (S. 338-363). Wiesbaden: VS.

Schulz, W. (1990). *Die Konstruktion von Realität in den Nachrichtenmedien. Analyse der aktuellen Berichterstattung. 2., unveränderte Auflage*. Freiburg, München: Alber.

Schulz, W. (2008). *Politische Kommunikation: Theoretische Ansätze und Ergebnisse empirischer Forschung zur Rolle der Massenmedien in der Politik. 2. Auflage*. Wiesbaden: VS.

Schweiger, W. & Jungnickel, K. (2011). Pressemitteilungen 2.0 – eine Resonanzanalyse im (Social) Web. *Publizistik*, *56* (4): 399–421.

Seidenglanz, R. & Bentele, G. (2004). Das Verhältnis von Öffentlichkeitsarbeit und Journalismus im Kontext von Variablen. Modellentwicklung auf Basis des Intereffikationsansatzes und empirische Studie im Bereich der sächsischen Landespolitik. In Altmeppen, K.-D., Röttger, U. & Bentele, G. (Hrsg.), *Schwierige Verhältnisse. Interdependenzen zwischen Journalismus und PR* (S. 105-120). Wiesbaden: VS.

Shaw, T. & White, C. (2004). Public relations and journalism educators' perceptions of media relations. *Public Relations Review*, *30*: 493-502.

Shoemaker, P.J. & Reese, S.D. (1996). *Mediating the Message: Theories of Influence on Mass Media Content (2. Auflage)*. New York: Longman.

Siegert, G. & Brecheis, D. (2005). *Werbung in der Medien- und Informationsgesellschaft. Eine kommunikationswissenschaftliche Einführung*. Wiesbaden: VS.

Sigal, L.V. (1973). *Reporters and Officials*. Lexington, MA: Heath.

Sinaga, S. & Callison, C. (2008). Credibility of PR practitioners: The impact of professional journalism background on trustworthiness, expertness, and homophily evaluations. *Public Relations Review*, *34* (3): 291-293.

Szyszka, P. (1995). Öffentlichkeitsarbeit und Kompetenz: Probleme und Perspektiven künftiger Bildungsarbeit. In Bentele, G. & Szyszka, P. (Hrsg.), *PR-Ausbildung in Deutschland: Bestandsaufnahme und Perspektiven* (S. 317–342). Opladen: Westdeutscher Verlag.

Szyszka, P. (2005). Berufsgeschichte: Bundesrepublik Deutschland. In Bentele, G., Fröhlich, R. & Szyszka, P. (Hrsg.), *Handbuch der Public Relations. Wissenschaftliche Grundlagen und berufliches Handeln. Mit Lexikon*. (S. 380 -393). Wiesbaden: VS Verlag für Sozialwissenschaften.

Szyszka, P. (2006). Organisation. In Bentele, G., Brosius, H.-B. & Jarren, O. (Hrsg.), *Lexikon Kommunikations- und Medienwissenschaft* (S. 209-210). Wiesbaden: VS.

Van Ruler, B., Tkalac Vercic, A. & Vercic, D. (Hrsg.) (2008). *Public Relations Metrics: Research and Evaluation.* o.O.: Erlbaum

Volpers, H., Bernhard, U. & Schnier, D. (2008). *Public Relations und werbliche Erscheinungsformen im Radio. Eine Typologisierung persuasiver Kommunikationsangebote des Hörfunks.* Berlin: Vistas.

Vorvoreanu, M. (2008). ROI of Online Press Releases. *Journal of New Communications Research, 3* (1): 92-99.

Walters, T.N., Walters, L.M. & Starr, D.P. (1994). After the highwayman: Syntax and successful placement of press releases in newspapers. *Public Relations Review, 20* (4): 345-356.

Warren, J. & Morton, L.P. (1991). Readability and acceptance of public relations releases from institutions of higher education. *Communication Research Reports, 8* (2): 113-119.

Waters, R.D., Tindall, N.T.J. & Morton, T.S. (2010). Media Catching and the Journalist – Public Relations Practitioner Relationship: How Social Media are Changing the Practice of Media Relations. *Journal of Public Relations Research, 22* (3): 241–264.

Wehmeier, S. (2004). PR und Journalismus: Forschungsperspektiven in den USA. In Altmeppen, K.-D., Röttger, U. & Bentele, G. (Hrsg.), *Schwierige Verhältnisse. Interdependenzen zwischen Journalismus und PR* (S. 181-222). Wiesbaden: VS.

Weischenberg, S., Malik, M. & Scholl, A. (2006 a). Journalismus in Deutschland 2006. Zentrale Befunde der aktuellen Repräsentativbefragung deutscher Journalisten. *Media Perspektiven* (7): 346-361.

Weischenberg, S., Malik, M. & Scholl, A. (2006 b). *Die Souffleure der Mediengesellschaft. Report über die Journalisten in Deutschland.* Konstanz: UVK.

Westerbarkey, J. (1995). Journalismus und Öffentlichkeit: Aspekte publizistischer Interdependenz und Interpenetration. *Publizistik, 34* (2): 152-162.

Westerbarkey, J. (2004). Illusionsexperten. Die gesellschaftlichen Eliten und die Verschleierung der Macht. In Raupp, J. & Klewes, J. (Hrsg.), *Quo vadis Public Relations? Auf dem Weg zum Kommunikationsmanagement: Bestandsaufnahmen und Entwicklungen* (S. 30-41). Wiesbaden: VS.

Wimmer, J. (2004). Der Rahmen der Determinierung. Zur Nützlichkeit des Framing-Ansatzes bei der Untersuchung von Beeinflussung zwischen PR und Journalismus am Beispiel des G8-Gipfels in Genua 2001. In Altmeppen, K.-D., Röttger, U. & Bentele, G. (Hrsg.), *Schwierige Verhältnisse. Interdependenzen zwischen Journalismus und PR* (S. 161-179). Wiesbaden: VS.

Wolling, J. (1999). *Politikverdrossenheit durch Massenmedien? Der Einfluss der Medien auf die Einstellungen der Bürger zur Politik.* Opladen: Westdeutscher Verlag.

Zerfaß, A. & Pfannenberg, J. (Hrsg.) (2009). *Wertschöpfung durch Kommunikation.* Frankfurt a.M.: FAZ.

## Bisher in der Reihe erschienene Bände

**Band 1: Agenda-Setting**
Von Marcus Maurer, 2010, 101 S., brosch., 17,90 €,
ISBN 978-3-8329-4585-5

**Band 2: Nachrichtenwerttheorie**
Von Michaela Maier, Karin Stengel, Joachim Marschall, 2010, 163 S., brosch., 19,90 €,
ISBN 978-3-8329-4266-3

**Band 3: Parasoziale Interaktion und Beziehungen**
Von Tilo Hartmann, 2010, 131 S., brosch., 19,90 €,
ISBN 978-3-8329-4338-7

**Band 4: Theory of Reasoned Action - Theory of Planned Behavior**
Von Constanze Rossmann, 2011, 135 S., brosch., 19,90 €,
ISBN 978-3-8329-4249-6

**Band 5: Das Elaboration-Likelihood-Modell**
Von Christoph Klimmt, 2011, 117 S., brosch., 19,90 €,
ISBN 978-3-8329-6176-3

**Band 6: Diffusionstheorien**
Von Veronika Karnowski, 2011, 107 S., brosch., 17,90 €,
ISBN 978-3-8329-4269-4

**Band 7: Schweigespirale**
Von Thomas Roessing, 2011, 113 S., brosch., 19,90 €
ISBN 978-3-8329-6041-4

**Band 8: Third-Person-Effect**
Von Marco Dohle 2013, 113 S., brosch., 19,90
ISBN 978-3-8329-6801-4

# Register

Zeitfracht Medien GmbH
Ferdinand-Jühlke-Straße 7
99095 Erfurt, Deutschland
produktsicherheit@kolibri360.de